Klaus Pracht

Möbel selber bauen und reparieren

Klaus Pracht

Möbel selber bauen und reparieren

Schränke · Regale · Tische · Stühle

Planung und handwerkliche Ausführung

AUGUSTUS VERLAG AUGSBURG

CIP-Titelaufnahme der Deutschen Bibliothek

Pracht, Klaus:
Möbel selber bauen und reparieren: Schränke, Regale, Tische,
Stühle; Planung und handwerkliche Ausführung /
Klaus Pracht. (Mitarb.: Jens Becker…). – Augsburg: Augustus-Verl.
1990
  ISBN 3–8043–2736–2

Für das Titelfoto stellte die Fa. Harald W. Behr
in Augsburg freundlicherweise
ihre Werkstätte für Möbelrestaurierung zur Verfügung.

Umschlag: Klaus Neumann, Wiesbaden
Layout: Anton Walter, Gundelfingen
Lektorat: Günter Wiegand, Kronberg-Oberhöchstadt

Mitarbeiter dieses Buches:
Jens Becker, Dipl.-Ing., Innenarchitekt
Ute Frisch, Dipl.-Ing., Innenarchitektin
Ilse Schaarschmidt, Designerin und Webmeisterin

AUGUSTUS VERLAG AUGSBURG
© 1990 Weltbild Verlag GmbH
Gesamtherstellung: Appl, Wemding
Printed in Germany
ISBN 3-8043-2736-2

Vorwort

Möbel selber zu gestalten und zu reparieren bzw. sie mit neuer Funktion zu versehen und umzugestalten macht Freude. Das ist leicht zu erreichen, wenn das fröhliche Schaffen von Erfolg gekrönt wird. Dazu verhilft dieses Buch.

Holz ist für den Selbstbau von Möbeln besonders gut geeignet. Es läßt sich preiswert beschaffen und gut bearbeiten. Bei allem Geschick sind aber auch für erfahrene Heimwerker Grund- und Detailkenntnisse (z. B. über Holzverbindungen) des Möbelbaues notwendig. Sie werden hier fachgerecht, aber verständlich durch Zeichnungen anschaulich vermittelt.

Das Buch wurde in 4 Kapitel gegliedert, damit die Informationen leicht auffindbar sind:

Das 1. Kapitel befaßt sich mit den Grundlagen des Möbelbaues. Das Planen ist sowohl für den Entwurf als auch für die Herstellung mit fachlichem Zeichnen und räumlichen Darstellungen verbunden. Die Möbelteile sollen in ihren Funktionen erkannt werden, z. B. ob Verbindungen fest oder lösbar sein sollen. Möbelfronten sind zu gestalten und zu erschließen. Sollen Türen sich drehen oder schieben lassen, Kästen hängen oder auch laufen? Gestelle müssen besonders gut ausgesteift werden, Tische und Stühle sind gegen Kippen gut zu sichern.

Das 2. Kapitel behandelt die Materialien und Holzverbindungen. Beim Material wird zwischen natürlich gewachsenem Schnittholz und künstlich verleimten Holzwerkstoffen unterschieden. Verbindungen lassen sich von Hand oder unter Zuhilfenahme von Kleinmaschinen auch von Heimwerkern ausführen.

Das 3. Kapitel behandelt die Reparatur von Möbeln. Der Anlaß zu dieser Arbeit hängt nicht selten von der Freude an einem bestimmten Stück aufgrund seiner Gestalt, Qualität oder Herkunft ab. Einfachere Reparaturen sind jedenfalls preiswerter als Neuanschaffungen. Das Buch gibt praktische Hinweise zur Selbsthilfe. Fotos zeigen die einzelnen Handgriffe:
Böden und Wände ersetzen,
Schubkästen, Rolläden und Türen wieder herstellen,
Ausbessern von Stoß- und Brandverletzungen an Kanten und Flächen,
Tische und Stühle wackelfest richten.

Im 4. Kapitel wird die Umnutzung von Möbeln, das heißt die Wiederverwendung alter Stücke für eine veränderte Nutzung angeregt. Oft ist der ursprüngliche Gebrauch oder der Urzustand eines Stückes nicht mehr gegeben, z. B. wurden alte Waschkommoden durch die Einrichtung von Badezimmern überflüssig oder Omas Bettgestelle sind „out". Alte Möbelstücke sind für den Sperrmüll meistens zu schade. Das Material ist meist erstklassig, die Gestaltung aufwendig.

Kreative Heimwerker lassen sich herausfordern Hand anzulegen, um alte Stücke positiv zu verändern. Reich verzierte alte Möbel können durch schlichte, neue Teile ergänzt werden, so daß sich Altes und Neues in Spannung zueinander befindet und seine Wirkung gesteigert wird. Alte Kastenmöbel mit einem neuen Anstrich sehen ganz anders aus. Erst das Auseinandernehmen und Neuzusammenbauen schafft verblüffende Ergebnisse: Da werden Stühle zu Truhen, Betten zu Bänken und aus Schranktüren lassen sich Vitrinen zaubern.

Möbel zu reparieren ist eine Sache, sie zu bauen ist eine andere. Aus einem alten oder schlichten Stück kann etwas Besonderes werden. Viel Spaß dabei – aber erst die Oma fragen, welches Stück sie zum Umbau freigibt.

Inhalt

1 Möbelbau-Grundlagen

KLAUS PRACHT · JENS BECKER

Einleitung

Der **Möbelbau** aus Holz macht vielen Heimwerkern ausgesprochen Freude, denn Holz ist leicht zu bearbeiten. So läßt sich die Verwirklichung eigener Ideen gut mit dem praktischen Nutzen verbinden.

Die **Planung** von Möbeln will gut und in mehrfacher Hinsicht bedacht sein:
● der Gebrauch bestimmt Art und Größe der Möbel;
● die Konstruktion ist mit dem Material und der Formgebung in Einklang zu bringen;
● die Gestaltung umfaßt die Proportionen und Dimensionen und über die Materialstrukturen bis zur Farbgebung alle optisch wirksamen Aspekte.

Das **Zeichnen** erstreckt sich von der räumlichen Ideenskizze und der geometrischen Entwurfszeichnung im kleinen Maßstab, mit allen Ansichten und Schnitten, bis zur Konstruktionszeichnung mit allen Details in natürlicher Größe.

Die **Konstruktionen** sind bei Schnitthölzern überwiegend auf Rahmen und Füllungen gearbeitet, bei Werkstoffen, z.B. Sperrholz, in Plattenbauweise konzipiert.

Die **Körper** von Möbeln und Schränken müssen nicht nur fest gefügt, sondern z.B. durch die Rückwand gut ausgesteift sein, damit die Türen gut und dicht schließen.

Die **Montage** von Möbeln ist auf unterschiedliche Weise und in mehreren Richtungen möglich, das bestimmen die Verbindungen und die Zerlegbarkeit.

Die **Verbände** sind rechtwinkelig am einfachsten, aber auch schräg und rund möglich.

Die **Beschläge** ermöglichen die verschiedensten Öffnungsarten der Türen, Klappen und Kästen, ebenso die Zuhaltungen von Knöpfen über Schnäpper und Riegel bis zum Schloß.

Die **Gestelle** der Sitz- und Liegemöbel wie die der Tische und Stühle sind starken Beanspruchungen ausgesetzt und daher besonders stabil und solide auszuführen.

Planen und Zeichnen

Planen

Der **Entwurf** bildet die Synthese aus Material, Farbe und Oberfläche, die unter Anwendung und Gliederung zur Form wird. Aus dieser Gesamtheit bildet sich der Maßstab für die Entwurfsqualität heraus. Je nach Einsatz handwerklicher Gestaltungsmittel wie Tischlern, Drechseln, Schnitzen, Intarsieren, Profilieren können Möbelformen hart oder weich, leicht oder schwer, schlicht oder ausgeprägt sein.

In den Entwurf fließen Überlegungen zur Nutzung und Konstruktion ein. In der Nutzung unterscheidet man Schränke, Sitzmöbel, Tische, Regale und Einbauten.

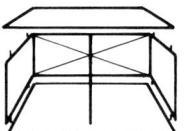

Die **Konstruktion** klärt in erster Linie die Verbindungsart und -technik, die Aussteifung, die Statik, die Stabilität sowie auch die Haltbarkeitsdauer. Konstruktion und Funktion sind eng miteinander verbunden. Ob ein Möbel zerlegbar oder fest verschraubt sein soll, hängt von beiden Kriterien ab.

Eine Fülle von unterschiedlichsten Verbindungssystemen und Beschlägen steht heute für relativ einfache und schnelle Montage zur Verfügung. Die Reihe klassischer, rein handwerklicher Konstruktionen wie Zapfen, Zinken, Graten, Überblatten bleibt jedoch weiter erhalten und wird zum Teil sogar neu entdeckt.

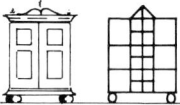

Gestaltung

Im Möbelbau ist die Gestaltung im Gegensatz zur freien Kunst unmittelbar zweckgebunden und angewandt. Dabei legt das Holz als natürliches und gewachsenes Material mit seinen spezifischen Eigenschaften wie Struktur, Elastizität, Formveränderung usw. dem Möbelbauer gewisse Beschränkungen auf. Die Gestaltung sollte unserer Zeit bzw. dem Zeitgeist entsprechen und ihr formalen Ausdruck verleihen. Darum ist das Imitieren von Formen vergangener Stilepochen möglichst zu vermeiden.

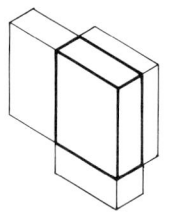

Planung

Die Möbelplanung umfaßt die Gestaltung wie Form- und Farbgebung, die Nutzung (z.B. Schreibschrank mit Klappe), die materialgerechte Konstruktion, die Verarbeitungsqualität sowie Materialaufstellung mit Preiskalkulation.

Bevor es zur direkten Planung kommt, muß die Idee geboren und skizziert sein. Daraus entsteht der Entwurf, der anschließend zeichnerisch präzisiert wird. Handwerkliches Können, Werkzeugausstattung und Zeitaufwand müssen in der Planung ebenso berücksichtigt werden.

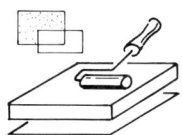

Oberflächenbehandlung

Sie dient der optischen Verschönerung und dem Schutz gegen äußere Beanspruchung. Man unterscheidet zwischen zwei Möglichkeiten:
1. Holz als Holz sichtbar erscheinen zu lassen durch Beizen, Färben, Klarlackieren, Mattieren, Polieren oder Wachsen.

Voraussetzung ist eine gute Holzqualität.
2. Holz nicht als Holz erscheinen zu lassen durch farbiges Decklackieren, Bekleben mit Folie oder Beschichten mit Kunststofftafeln.
Hierfür können Holzwerkstoffplatten und Hölzer minderer Qualität benutzt werden.

Zeichnen

Das **Zeichnen** dient der Entwicklung, Klärung und Festlegung von Gestaltung und Konstruktion bis in alle Einzelheiten. Zuerst wird eine grobe Ideenskizze des Möbelentwurfs angefertigt. Nach ihrer Ausreifung werden Konstruktionsdetails skizziert. Eine maßstabsgerechte Fertigungszeichnung mit allen Ansichten, Schnitten, Details, Maßketten und Materialbeschreibungen wird dann angefertigt. Zum Schluß kann die Zeichnung noch mit einer Stückliste ergänzt werden. Zur besseren Verdeutlichung eines Möbels dient die räumliche, dreidimensionale Darstellung in Form einer Perspektive oder Isometrie.

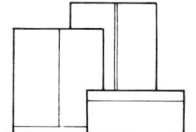

Möbeltypen

Man unterscheidet eine Vielzahl von Möbeltypen, z.B. Kasten- oder Gestellmöbel.

Zu den Kastenmöbeln zählen alle Schränke, Kommoden oder Truhen, die für Aufbewahrungszwecke gebaut werden. Zu den Gestellmöbeln gehören in erster Linie Stühle und Tische.

Sie unterliegen hoher täglicher Beanspruchung und sind deswegen meistens aus Massivholz. Weiter unterscheidet man zwischen zerlegbaren und festen Möbeln. Schränke oder Betten sind häufig zerlegbar. Fest, d.h. unzerlegbar sind z.B. Stühle oder Tische; sie sind höchstens klappbar. Zum Schluß seien noch Regale erwähnt. Hier unterscheidet man freitragende Regalgestelle von Wandhängeregalen.

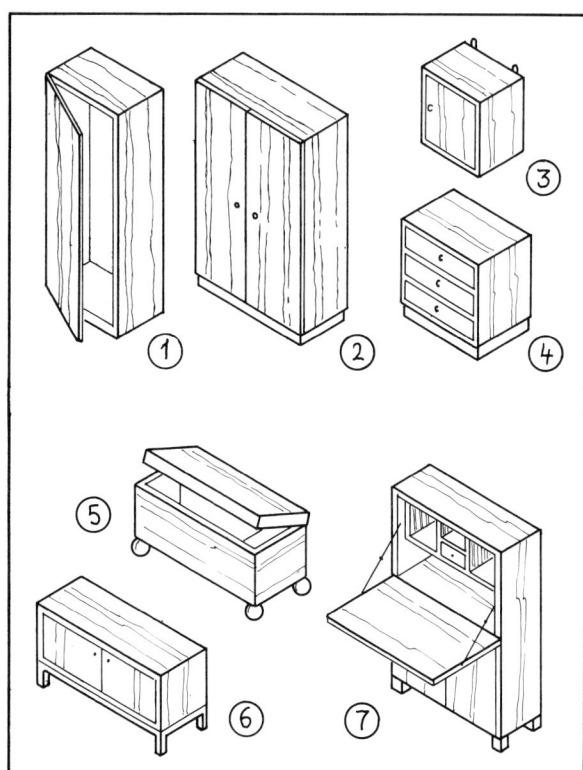

Kastenmöbel
1 Schrank, eintürig
2 Schrank, zweitürig
3 Schrank, hängend
4 Kommode
5 Truhe
6 Sideboard
7 Schreibtisch

Gestellmöbel
1 Tisch
2 Tisch, klappbar
3 Beistelltisch
4 Eßtisch, rund
5 Wangentisch
6 Regal
7 Hocker
8 Sessel
9 Stuhl

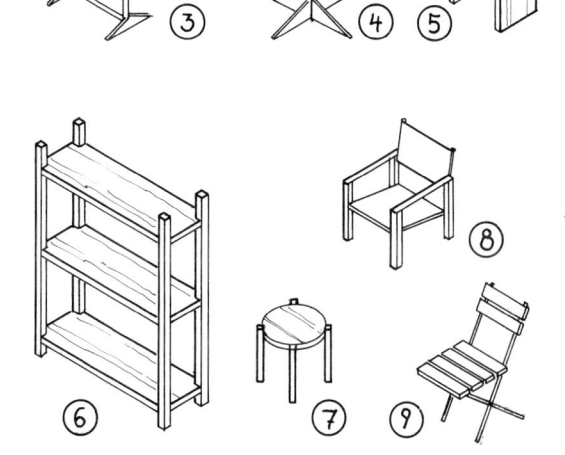

Betten
1 auf Sockel, Seiten tragen die Häupter
2 Häupter tragen die Seiten

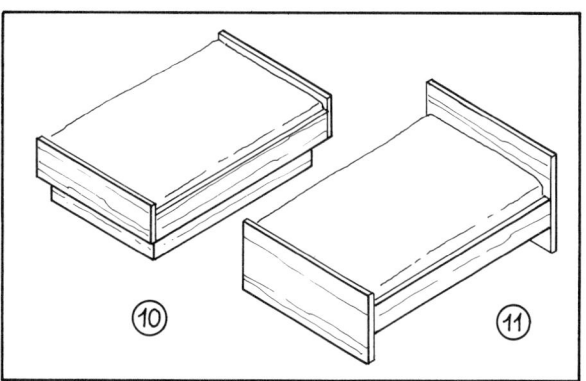

11

Konstruktionsplanung

Die Konstruktionsplanung umfaßt den materialgerechten Zusammenbau von Möbeln entsprechend der vorgegebenen Nutzung und Gestaltung, der Fertigungsart und dem Preisrahmen.
Erst danach können Konstruktionsdetails festgelegt werden.

Man unterscheidet zwei Kategorien:
1 Plattenmöbel, bestehend aus verleimten, massiven Hölzern (breiten Brettern) oder aus Holzwerkstoff-Platten, z.B. Span- oder sog. Tischlerplatten.
2 Rahmenmöbel, bestehend aus Massivholzrahmen (Gestelle) mit eingesetzten Füllungen in Form von Massivholzflächen, Sperrholzplatten oder Glastafeln.
Die Reihenfolge des Zusammenbauens ist ebenso wichtig, z.B. erst der Korpus, kombiniert mit festen Innenseiten oder Fächern, danach die Rückwand, zum Schluß die Türen.

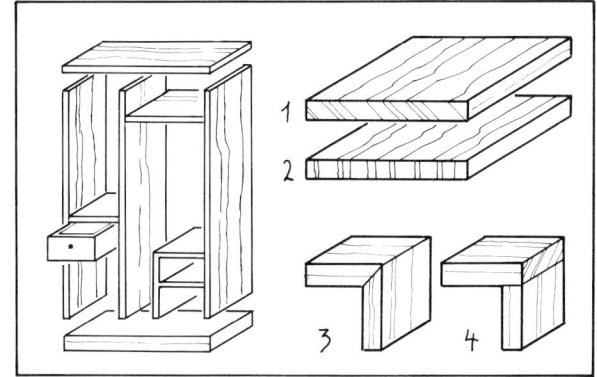

Konstruktionsplanung
● Montage, z.B.:
  Reihenfolge
  Elementierung
  Verwendungsart
● Materialwahl, z.B.:
  1 Vollholz
  2 Holzwerkstoff
● Konstruktion, z.B.:
  Rahmenbau
  Plattenbau
● Details, z.B.:
  3 auf Gehrung
  4 stumpf

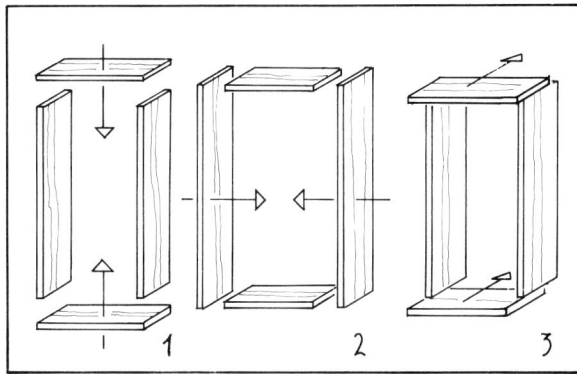

Bauart, z.B.:
● fest oder zerlegbar
● Aufbaurichtung, z.B.:
  1 Böden auf Seiten
  2 Seiten gegen Böden
  3 Böden auf Seiten
    aufgeschoben

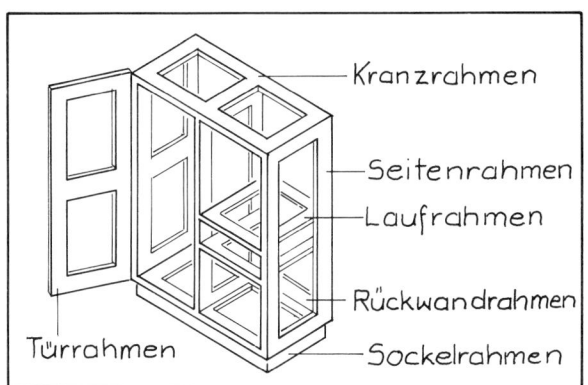

Beispiel Rahmenbau
Die Rahmenbauweise ist eine alte werkstoffgerechte Konstruktionsart.
Rahmen und Füllungen bilden hierbei Flächen für feste oder bewegliche Korpusteile.

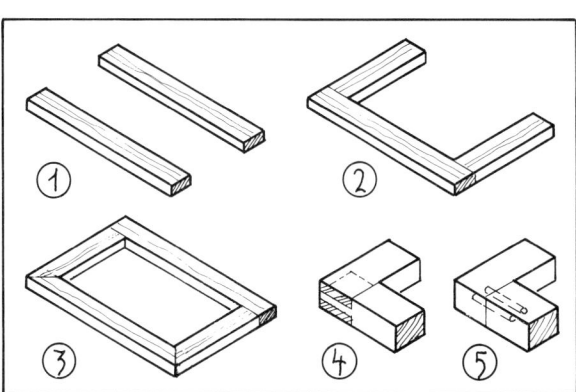

Rahmenelemente
1 Rahmenstück,
  z.B. Korpusverbinder
2 Rahmen, offen,
  z.B. Lauf- oder Kipprahmen
  für Schubkästen
3 Rahmen, geschlossen,
  z.B. Kranz, Sockel, Seite, Tür

Rahmenverbindungen
4 Schlitz und Zapfen
5 Dübel

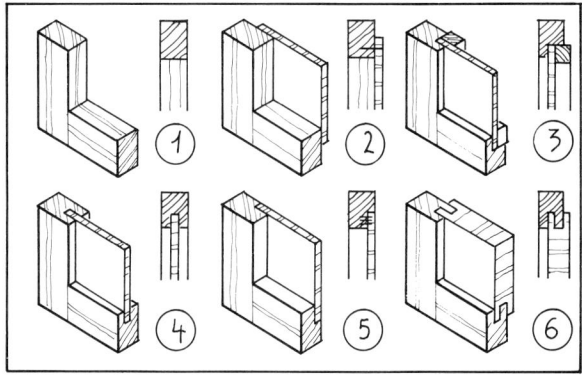

Rahmen und Füllungen
1 Rahmen, offen, ohne Füllung
2 Füllung aufgenagelt
3 in Falz mit Leiste
4 in Nut gesteckt
5 in Falz geleimt
6 auf Rahmenüberschüben

Konstruktions-planung

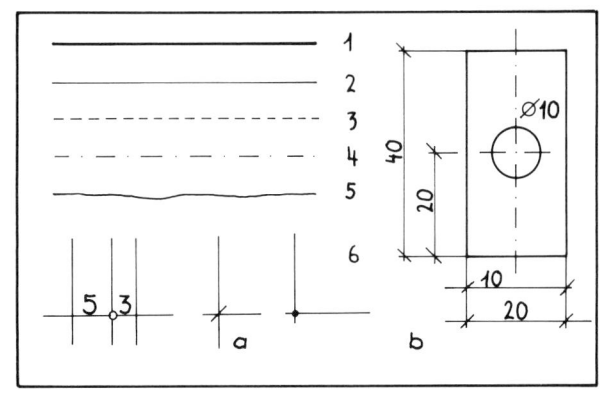

Grundbegriffe

1 Vollinie, breit:
  Kanten und Umrisse
2 Vollinie, schmal:
  Schraffur, Maßlinien
3 Strichlinie:
  verdeckte Kanten und Umrisse
4 Strichpunktlinie:
  Mittel- und Schnittlinien
5 Freihandlinie:
  Schraffur, Bruchlinie
6 Maßlinienbegrenzung

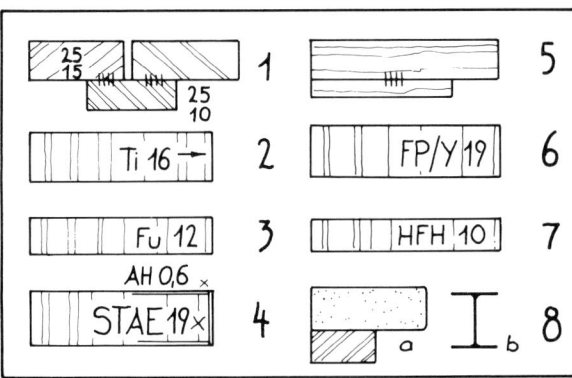

Schnittflächen

1 Vollholz (Hirnholz)
2 Tischlerplatte, 16 mm
3 Furnierplatte
4 Stäbchensperrholz, 19 mm,
  Ahornfurnier
  X = Hirnholz
5 Vollholz (Langholz)
6 Flachpressplatte
7 Hartfaserplatte
8a Stein auf Holz
8b Stahlprofil

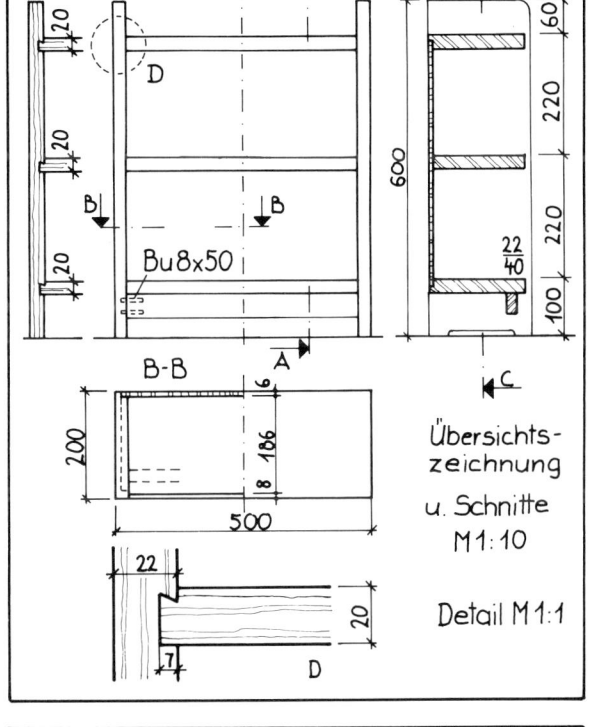

Übersichtszeichnung

Maßstäbe:
1:20, 1:10, 1:5
Details: 1:1
Für eine Möbelzeichnung
werden benötigt:
Vorderansicht, Draufsicht
(Grundriß), Seitenansicht, Schnitt

Schnitte zeigen den inneren
konstruktiven Aufbau.

Man unterscheidet:
● Horizontalschnitt B-B, parallel
  zum Boden
● Frontalschnitt C-C, parallel zur
  Vorderansicht
● Vertikalschnitt A-A, rechtwinklig
  zur Ansicht.

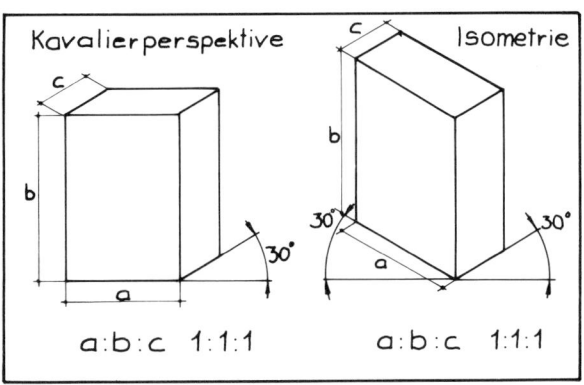

Räumliche Darstellung

(Die Tiefen sind hier unverkürzt.)
● Kavalierperspektive: Vorderan-
  sicht parallel zur Bildkante,
  Seiten und Draufsicht um 30°
  gekippt.
● Isometrie:
  Vorderansicht und Seite um
  30° zur Bildkante gekippt.

Schränke

Bauteile

Schränke dienen zum Aufbewahren von Gegenständen, wodurch jeweils ihre Form beeinflußt wird. Im Raum sind sie auch gestalterisch von Bedeutung.
Schränke stehen vor der Wand in den Ecken oder frei im Raum. Ihre Größe ist unter anderem eine Frage des Transportes. Unter dem Aspekt des Vertriebs und der Eigenmontage des Käufers werden viele Schränke zerlegbar hergestellt.

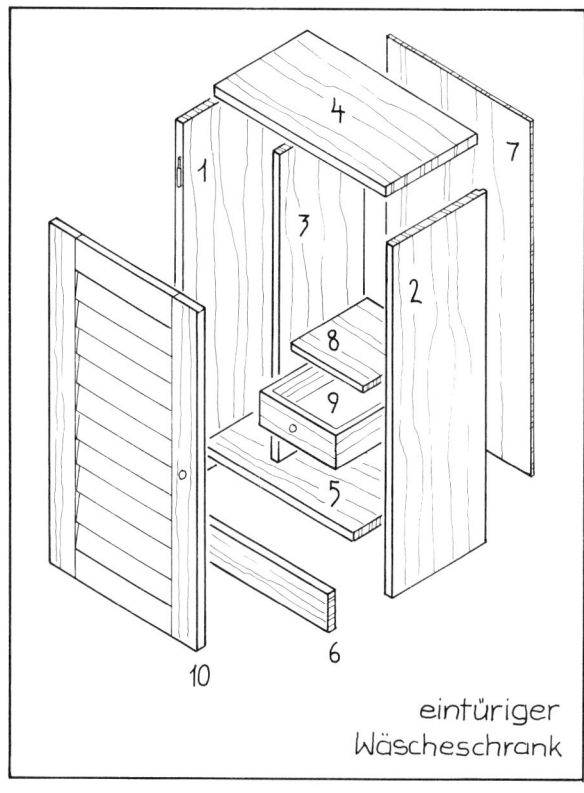

einturiger
Wäscheschrank

Schrankeinzelteile
 1 Band, Scharnier
 2 Seite (Wange)
 3 Mittelseite
 4 Oberboden (Aufsatz)
 5 Unterboden
 6 Sockelblende
 7 Rückwand (Aussteifung und Staubdichtung)
 8 Einlegeboden
 9 Schubkästen (Zug)
10 Drehtür (z.B. Füllungen aus Lamellen)

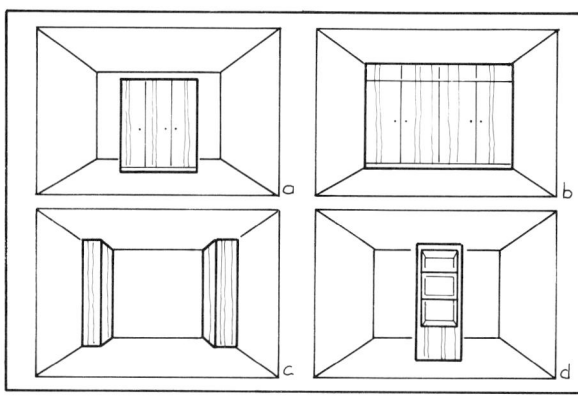

Schränke im Raum
Schranktypen, raumbezogen
a) als Wandschrank, Einzelmöbel
b) als Schrankwand, Einbauschrank
c) als Raumbetonung, vertikal
d) als Raumteiler, freistehend

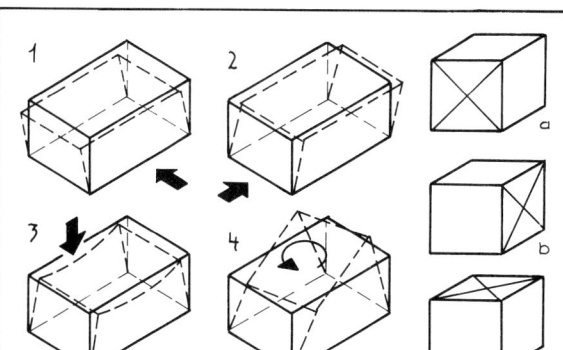

Aussteifungen sind nötig gegen:
1 + 2 seitliches Verschieben,
3 Durchbiegen,
4 In-sich-Verdrehen.
Aussteifungsglieder können sein: Flächen, Platten, Seile, Streben, in allen Richtungen diagonal, einzeln oder kreuzweise (a–c)

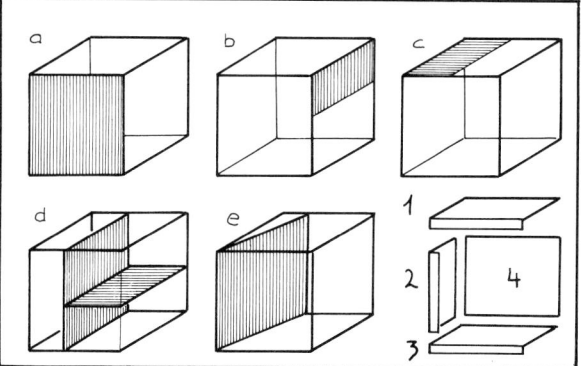

Vollflächige Aussteifungen a) sind wirksamer als teilflächige b), c) Innenflächen, horizontal und vertikal konzipiert d) oder diagonal e), bieten sehr hohe Steifigkeit.

Aussteifungselemente:
1 Kranz
2 Lisene
3 Sockel
4 Rückwand

Bauprogramme

Durch Addition von Kleinelementen (Container) lassen sich Schrankwände unterschiedlich zusammenstellen. An- und Aufbauprogramme für die einfachste Kombination bis zur Standardisierung in festgelegten Achsrastern und Maßschritten sind möglich.

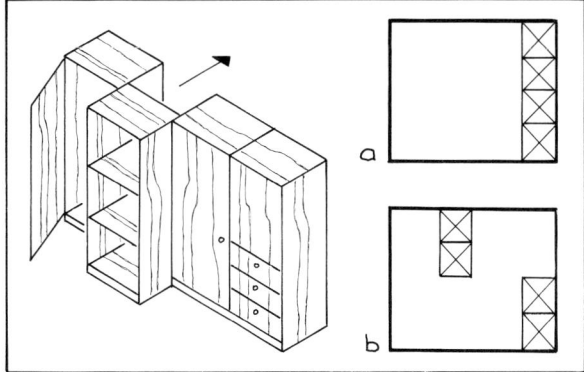

Schrankelemente
Durch Addition von Elementen mit gleichen Abmessungen können je nach Gruppierung
a) Schrankwände
b) Raumteiler
gebildet werden.

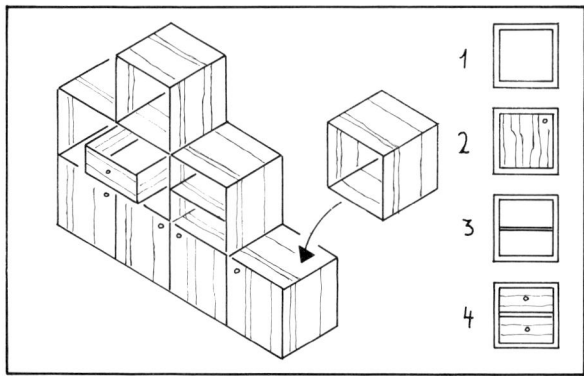

Einzelelemente mit gleichen Seiten in allen Richtungen, z.B. Würfel, bieten eine Vielzahl von Kombinationsmöglichkeiten. Die Elemente sind in sich stabil und stapelbar.

Varianten:
1 Container, offen
2 Container, mit Tür
3 Container, mit Zwischenboden
4 Container, mit Schubkästen

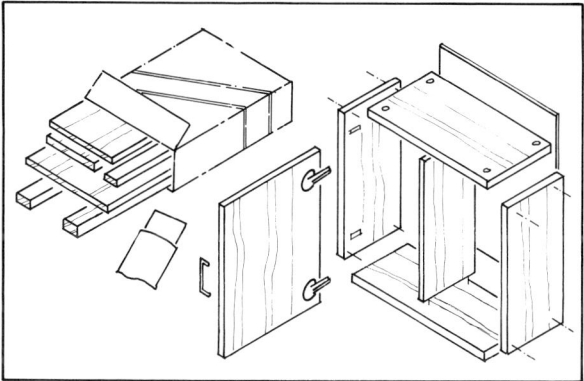

Mitnahmemöbel sind meist zerlegbar und haben spezielle Verbindungen für den Zusammenbau.

Vorteile:
leichter, platzsparender Transport im Karton, einfacher Selbstaufbau ohne spezielles Werkzeug, preiswerter Einkauf.

Nachteile:
Verarbeitung und Passgenauigkeit nicht immer zufriedenstellend.

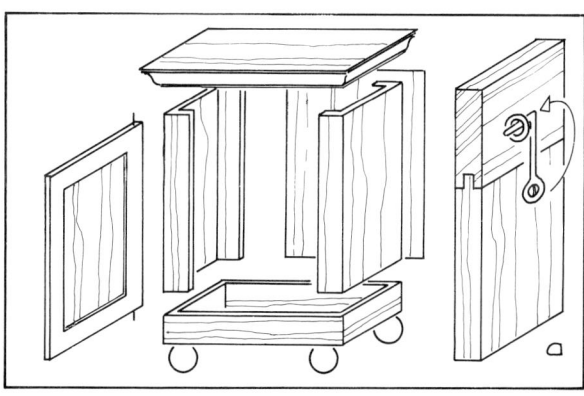

Klassische Schränke sind ebenfalls oft zerlegbar.
Die Schrankschließen sind meist an den Schrankseiten und Sockeln bzw. am Kranz angeordnet. Als lösbare Verschlußelemente dienen Haken und Ösen oder Keile.

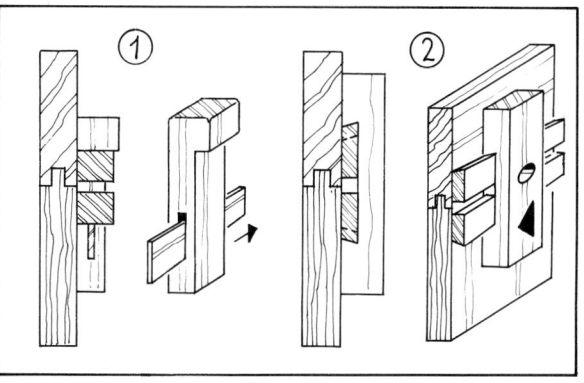

Klassische Schrankverbinder
1 Steckschließe: Ein Steckholz mit einseitigem Kopf wird durch den Rahmen des Sockels bzw. Kranzes und eine aufgeleimte Leiste geschoben.
2 Die Schrankschließe mit konischer Gratnut läuft in zwei sich verjüngenden Leisten mit entsprechendem Grat.

Lösbare Schrankverbinder

Zerlegbare Schränke sind transportabel, in Einzelteilen leicht und komplett in Kartons verpackbar. Eine Fülle verschiedener und raffinierter Verbindungsbeschläge ermöglicht schnellen Aufbau. Die Stabilität ist bei diesen Konstruktionen jedoch etwas eingeschränkt. Die einfachste Verbindung ist die mit einer Schraube. Komplizierter ist der Systembeschlag aus mehreren Einzelteilen, der unsichtbar und nur mit einer Drehung feststellbar ist.

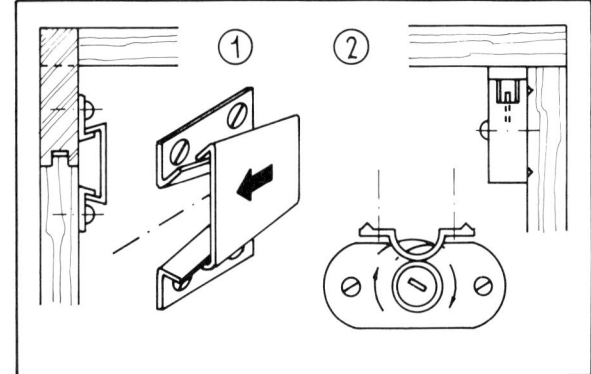

Keilverbindungen
1 durch Aufschieben eines konischen Überwurfes (mit Hammer)
2 durch konisches Klemmrad (mit Schraubendreher). Diese Verbindung ist häufig bei älteren Möbeln anzutreffen.

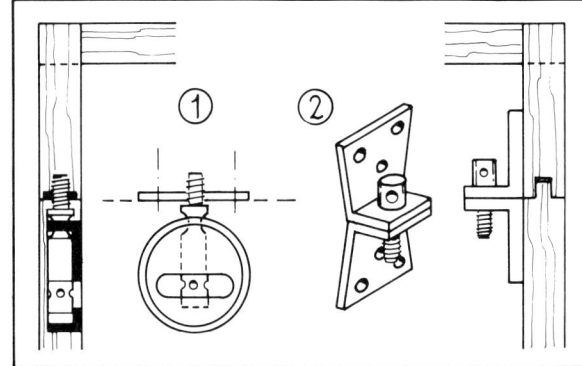

Schraubverbindungen, klassisch
1 Berliner Schraubbeschlag, in Seitenwand und Kranz eingelassen, mit einem Spitzdorn bewegbar; Einbau bzw. Einlaß erfordert handwerkliche Übung.
2 Hamburger Schrankschraube, auf Seitenwand und Kranz aufgeschraubt, mit einem Spitzdorn bewegbar; einfachste Montage, jedoch in den Schrankraum ragend.

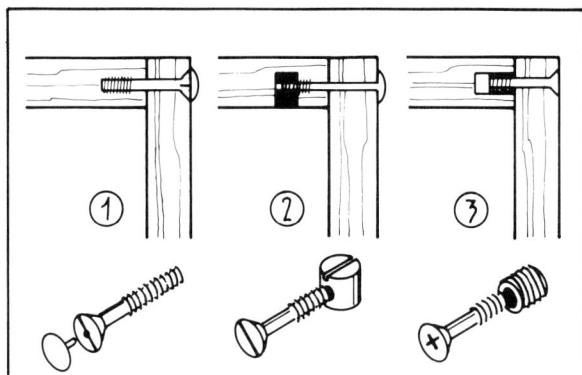

Schraubverbindungen
1 mit einteiliger Schraube und Zierkappe
2 mit Feingewindeschraube und Kunststoffmutterbolzen
3 mit Rampa-Schraube und Messingschraubbolzen
Alle drei Arten sind außen sichtbar.

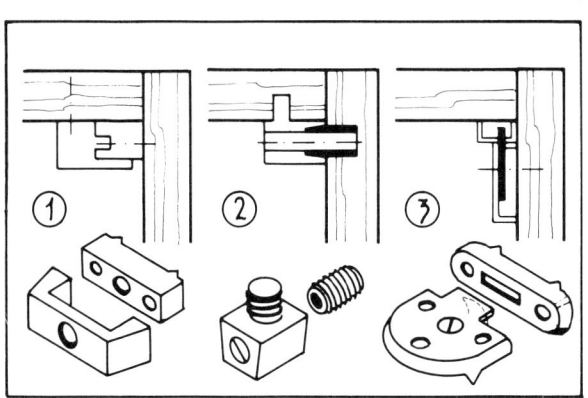

Beschlagverbindungen
1 Aufschraubtrapez
2 Einbohrtrapez
3 Exzenter
Alle drei Arten sind innen vorstehend.

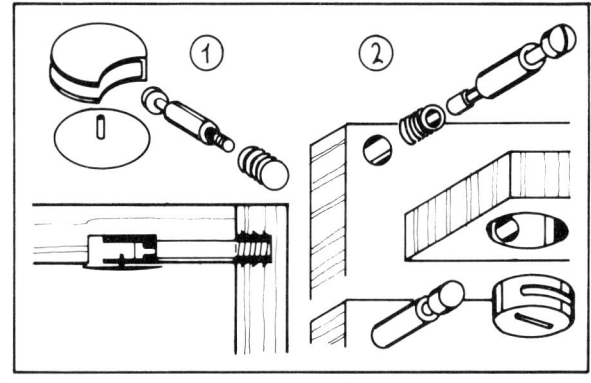

Systemverbindungen
Arbeitsfolge:
Zylinder und Löcher mit Schablone bohren. Gewindemuffe einschlagen, Verbindungsbolzen anschrauben, Korpusteile zusammenstecken, Exzenter in Zylinder einsetzen und mit Schraubendreher festziehen.
Vorteil:
außen unsichtbar, innen verdeckt.

Feste Verbindungen

Generell unterscheidet man lösbare und feste, also unlösbare Verbindungen. Hier sollen nur die festen Holzverbindungen aufgezeigt werden, wobei je nach eingesetztem Werkstoff eine materialgerechte Verbindung zum Zuge kommt. Je nach gestalterischer Absicht sind die Eckverbindungen zusätzlich in Aufbau und Konstruktion verschieden, z.B. Ecke gerade oder Ecke rund.

Zudem haben Eckverbindungen auch statische Funktion, z.B. am Schrankfuß den Sockel aufzunehmen (Gewichtsverteilung) oder an der Wandseite die Rückwand zu halten (Aussteifung).

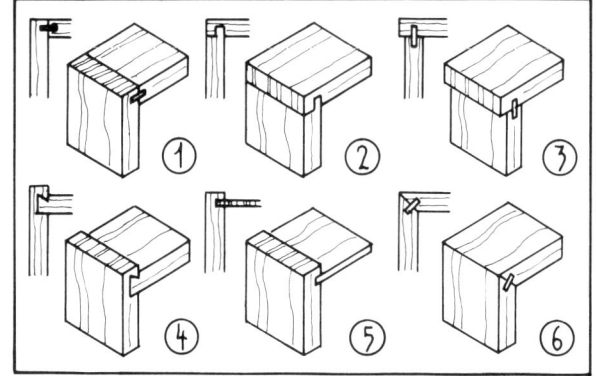

Schrankecken, oben
Je nach Gestaltungsabsicht können Schrankecken unterschiedlich ausgebildet sein:
1 Seite läuft durch
2 Oberboden läuft durch
3 Oberboden steht über
4 u. 5 Seiten stehen über
6 bündig, auf Gehrung

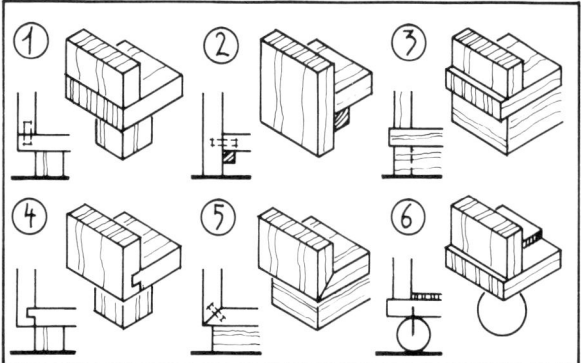

Schrankecken, unten (Sockel)
1 Seite auf Boden
2 Seite läuft durch
3 Sockel, umlaufend
4 auf Einzelfuß
5 Gehrung (Sockel)
6 auf Kugelfuß

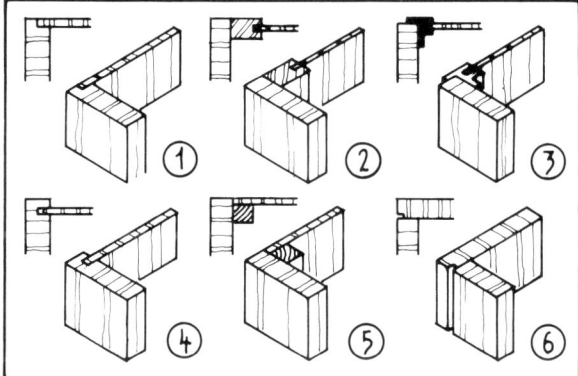

Rückwände sind hinterer Schrankabschluß und Aussteifungsteil zugleich.

Verbindungen:
1 in Falz
2 in Beistoß
3 in Kunststoffklemmprofil
4 in Nut
5 mit Leiste
6 verstärkte Ausführung, mit Schattennut

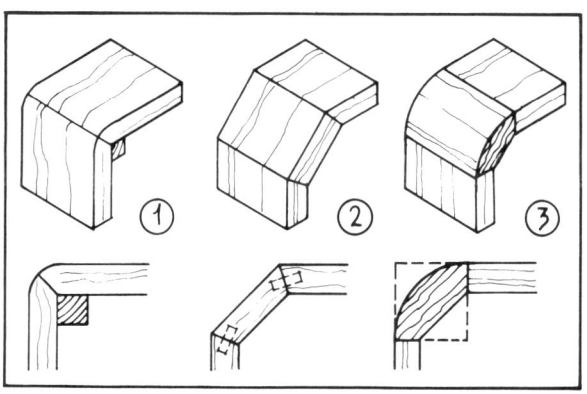

Kantenausbildungen, horizontal
1 verrundet, zwei Teile mit Leiste
2 gewinkelt, mit Dreikantleiste
3 rund, drei Teile, Viertelstab als Mittelstück
Die Schnitte zeigen den Einsatz von Drehtüren mit Zapfenband angeschlagen.

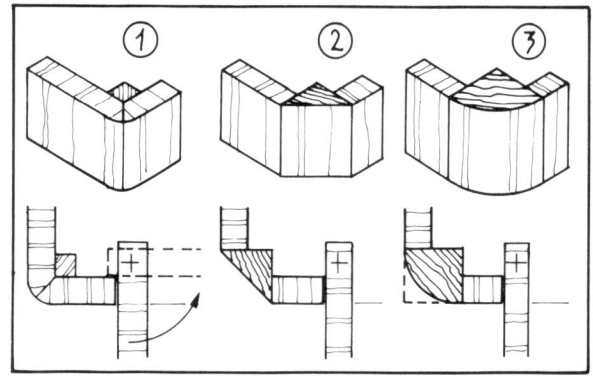

Kantenausbildungen, vertikal
1 verrundet, zwei Teile mit Leiste
2 gewinkelt, drei Teile mit Feder
3 rund, drei Teile mit Mittelstück, rund ausgeformtes Kantholz

Türen

Drehtüren

Drehtüren haben verschiedene Ausführungen und Anschläge. Man unterscheidet Rahmenkonstruktionen mit Füllungen und Bauarten aus Werkstoffplatten.

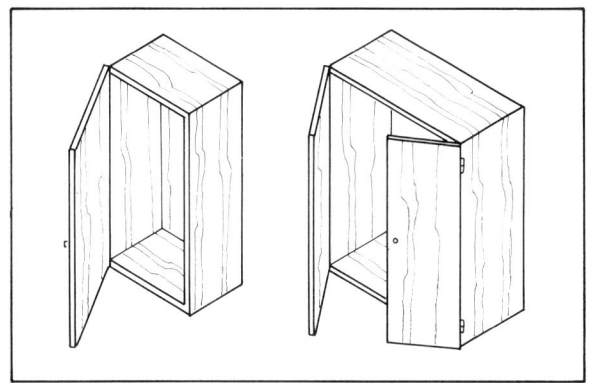

Drehtüren
einflügelig, zweiflügelig
Zu beachten sind:
● Bauart, Optik
● Anschlagart
● Bandsitz, links oder rechts
● Türformat
● Türanzahl
● Befestigung (Bänder, Scharniere)

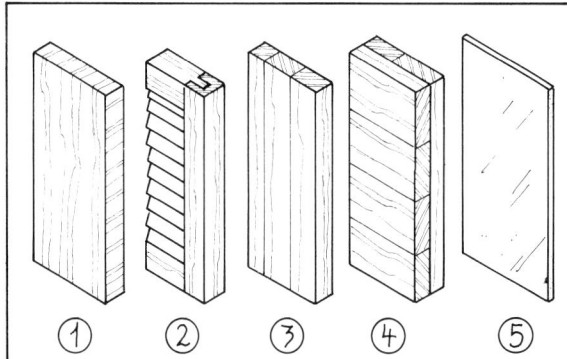

Bauarten
1 Blatt, einfach, Tischler- oder Spanplatte
2 Rahmen mit Lamellenfüllung, z.B. Wäscheschrank
3 Blatt aus Massivholz
4 Blatt, kreuzweise aufgedoppelt
5 Ganzglastür

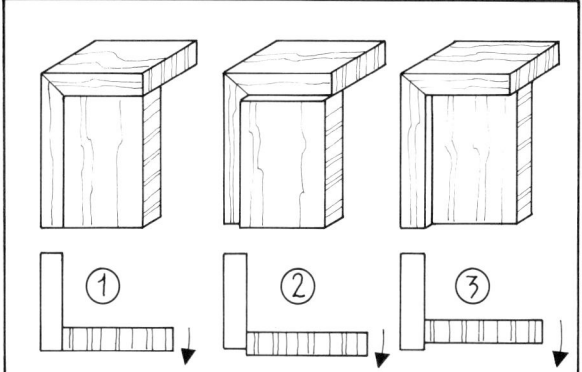

Anschlagarten
1 zwischenschlagend, Front bündig, hohe Paßgenauigkeit erforderlich
2 vorspringend, eine Vielzahl von Bändern kann hierbei eingesetzt werden
3 zurückspringend
4 innenliegend, absolut staubdicht, aufwendige Konstruktion
5 vorschlagend, Einpassen entfällt, einfacher Einbau
6 überfälzt, staubdicht

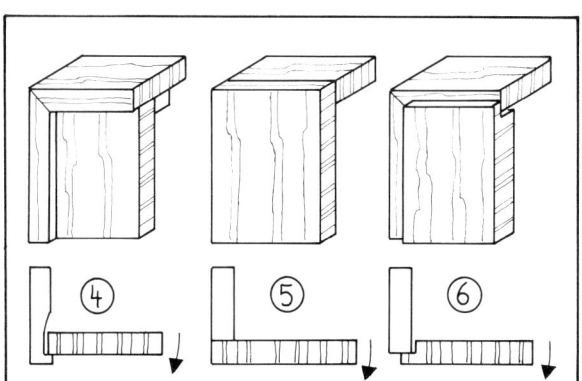

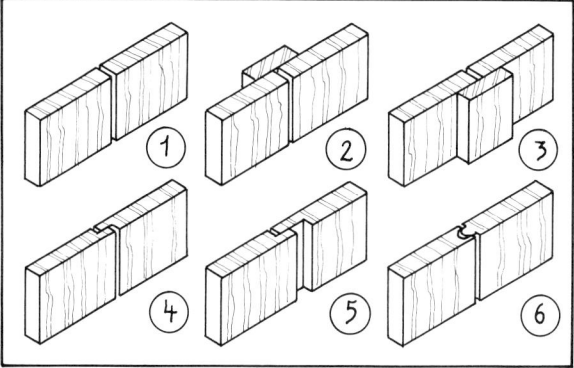

Mittelschlüsse
nur bei zweiflügeligen Türen
1 offene Fuge
2 mit Schlagleiste, innen
3 mit Schlagleiste, außen
4 überfälzt (Haarfuge)
5 überfälzt (breite Nut)
6 Wolfsrachen (Quetschfalz)

Schiebetüren

Schiebetüren stehen im Gegensatz zu Drehtüren im geöffneten Zustand nicht im Wege, verdecken jedoch immer die Hälfte des Schrankinneren, z.B. bei zwei Türen in zwei Ebenen.
Man unterscheidet zwischen Schieben und Gleiten. Schiebetüren laufen meist mit voller Fläche auf einer Führungsschiene oder in einer Nut. Gleittüren rollen mit Rädern auf Schienen und sind leichter zu bewegen. Beide Arten lassen sich durch Anheben und schräges Abwinkeln ein- bzw. aushängen, ebenso lassen sie sich auch verschließen. Hängende Schiebetüren sollten an der Unterkante in einen Führungsdorn geführt werden, um ein Pendeln zu verhindern.

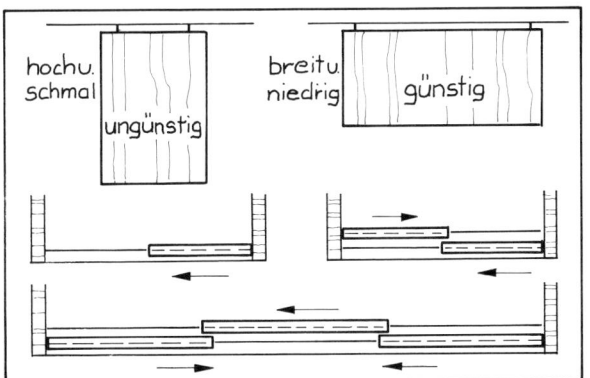

Formate
hoch: Laufrollen gegen Verkanten nötig (Gleiten)
breit: kann stumpf in Führung leicht bewegt werden (Schieben)

Anzahl:
Bei ganz geschlossenen Schränken werden mindestens 2 Laufschienen (Ebenen) benötigt.

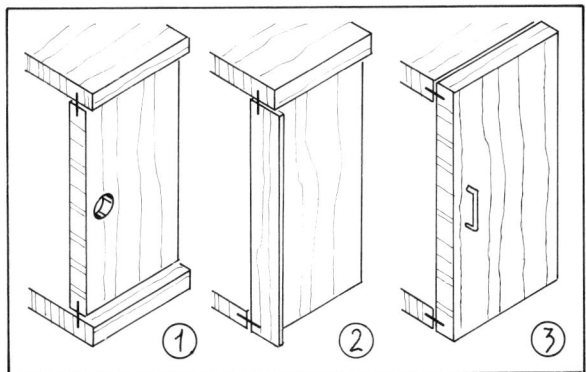

Einbau
1 zwischen den Böden
2 zwischen und vor den Böden, hängend
Griffmuscheln oder eingelassene Griffleisten ermöglichen ein Vorbeischieben von Türen in mehreren Laufebenen.

Positionen
1 in breiter Nut
2 in Nut oben, auf Profil unten
3/4 in Profilen oben und unten (geringe Reibung)
5 hängend, mit Winkelstücken in Nut

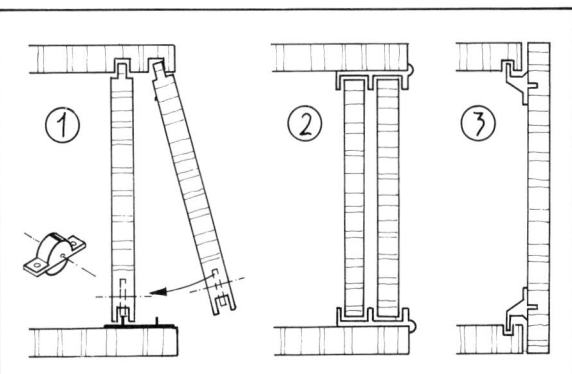

Details
1 auf Gleitrollen gelagert, aushängbar!
2 in Kunststoffprofil, geschoben
3 Sonderform, hängende Schiebetür über Kunststoffspezialprofil in eingefräster Nut beweglich

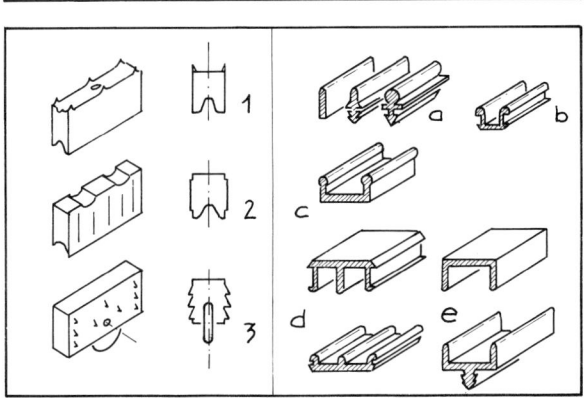

Gleiter und Rollen
1/2 Kunststoffgleiter
3 Kunststoffrolle meist in Schiebetüren eingelassen

Schienen und Profile
a) einreihig
b) für Ganzglastüren
c) mehrreihig, für Rollen
d) mehrreihig, für Gleiter
e) mehrreihig, für Gleiter oder eingenutete Türober- und -unterseite

19

Bänder

Bänder und Scharniere sind bewegliche, verbindende Glieder zwischen Türen oder Klappen und Schränken. Bänder ermöglichen mit einigen Ausnahmen das Ausheben von Türen, Scharniere lassen dies nicht zu. Günstig sind Bänder, bei denen der Sitz der Tür nachträglich durch Justage korrigiert werden kann (meist bei vorschlagenden Türen nötig).

Einfach in der Montage sind Stangenscharniere, sogenannte Klavierbänder, und Aufsatzbänder. Bei manchen aushängbaren Bändern unterscheidet man zwischen Links- und Rechtsanschlag der Türen. Bänder und Scharniere gibt es in Metall, vernickelt, poliert, verchromt, vermessingt oder lackiert. Topfbänder sind teilweise auch aus Kunststoff.

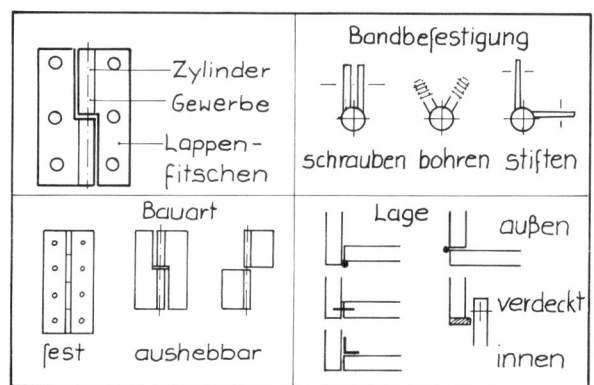

Bänder und Scharniere
o.l. Bauteilbezeichnungen
u.l. Scharniere sind mehrgliedrig und nicht aushängbar, Bänder sind einfache Drehgelenke und aushängbar
o.r. Befestigung von Lappen, Zapfen und Fitschen
u.r. Bandsitz, Lage

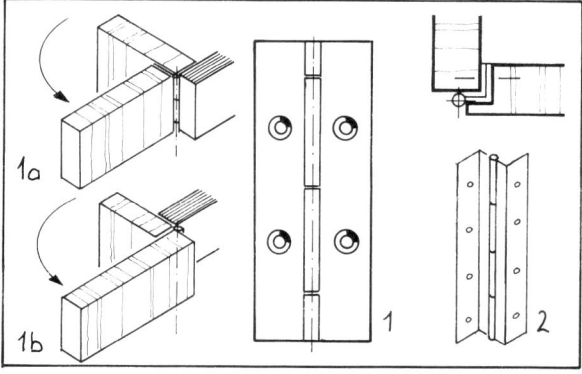

Stangenscharniere auch Klavierbänder genannt, bis zu 3,50 m erhältlich, sind leicht zu montieren, vielseitig verwendbar und preiswert; Schrauben lösen sich jedoch bei längerer Benutzung.
1 a) und b) Scharniere, einfach
2 Scharnier, gekröpft (für überfälzte Türen)

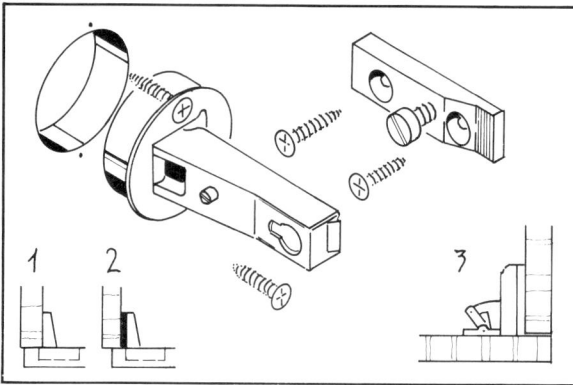

Topfbänder bestehen aus Topf, Arm und Montageplatte, geeignet nur für vorschlagende Türen; leichtes Arretieren, relativ leichter Einbau, in verschiedensten Formen und Wirkungsweisen (z.B. als automatische Zuhaltung) erhältlich.
1/2 Regulierung des Türüberstandes mit Montageplatte
3 180°-Band

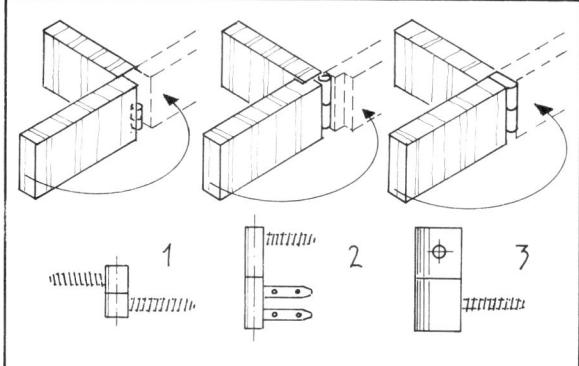

Einbohrbänder für Links- oder Rechtsanschlag.
Die Zapfen werden geschraubt oder verstiftet. Einfachste Montage, geringe Kosten, Türaushängung möglich.
1 kurzes Band
2 langes Band
3 Halbrollenband, nur für vorschlagende Tür

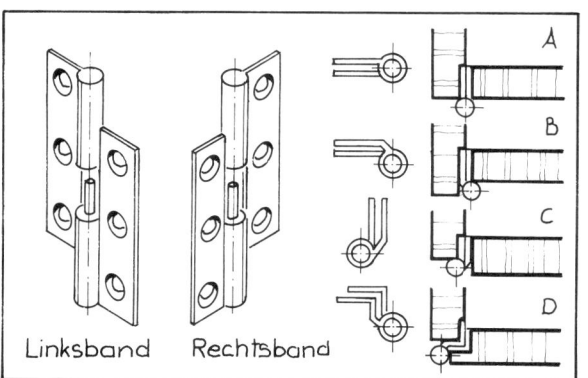

Aufsatzbänder
Im Aufbau ähneln sie den Stangenscharnieren, haben aber den Vorteil, aushebbar zu sein. Sie werden bei Qualitätsmöbeln angewendet und eignen sich je nach Kröpfung für vor- und zwischenschlagende wie überfälzte Türen.
A: gerade Ausführung
B und C: gekröpft
D: gewinkelt

Je nach entwurflicher bzw. optischer Möbelqualität und handwerklich-technischen Möglichkeiten entscheidet man sich für ein entsprechend geeignetes Band oder Scharnier. Aufwendig und völlig unsichtbar sind Zapfenbänder. Entscheidend sind die Öffnungsradien, z.B. 90° oder 180°, sowie die Türanschlagarten.

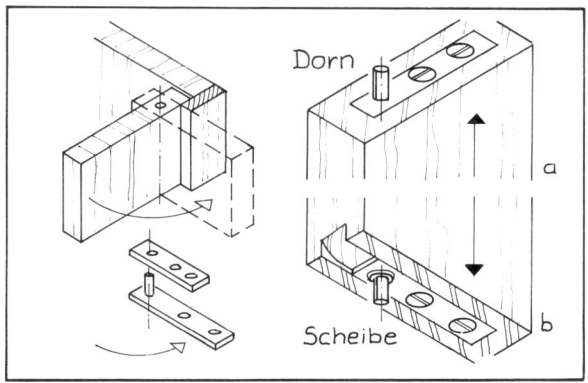

Zapfenbänder, zentrisch, liegen verdeckt in Türober- und -unterseite. Öffnungsradius: 90°
Die Abstoppung der Tür erfolgt durch eine Lisene oder Ausklinkung im Boden.
a) Draufsicht
b) Untersicht

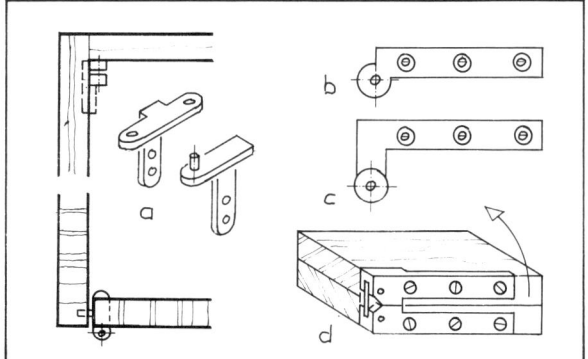

Zapfenbänder, exzentrisch
sind sichtbar eingelassen in Türober- und -unterseite.
a) Öffnungsradius: fast 180°
b) Zapfenband, gekröpft
c) Zapfenband, gewinkelt
d) Spieltischbeschlag

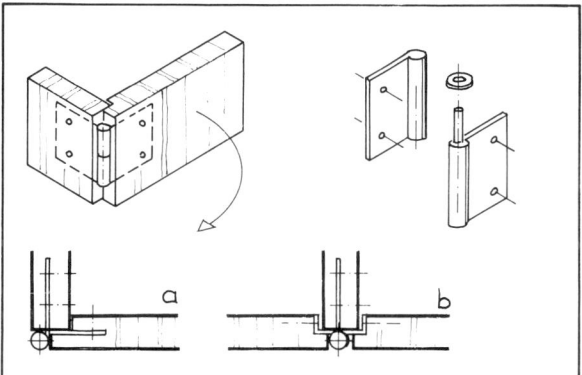

Einstemmbänder, Fitschen
für überfälzte Türen. Der Bandlappen sitzt in einem eingestemmten Schlitz und ist von außen durch Stifte gesichert. Der Einbau erfordert viel Geschick. Öffnungsradius: 180°. Hierbei ist die Tür im Gegensatz zu Zapfenbändern aushängbar.
a) Fitschen, einfach
b) Fitschen, gekröpft, für 2 Türen gleichzeitig

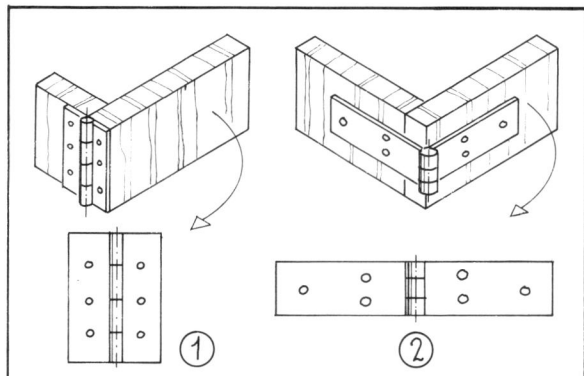

Aufschraubscharniere für einfachste Möbel und sichtbare, leichte Montage
Öffnungsradius: 180°
Türaushängung nicht möglich
1 schmal bis halbbreit
2 quadratisch bis breit

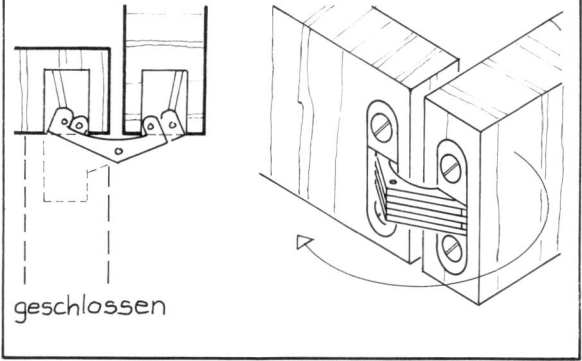

Vicci-Bänder
liegen verdeckt in Tür- und Korpusseiten.
Öffnungsradius: 180°
Einbau relativ einfach, leichter Anschlag, vielseitige Verwendbarkeit.

Rolläden und Klappen

Rolläden

Rolläden lassen sich vollständig zur Seite oder nach oben oder unten bewegen, so daß Schränke vollständig erschlossen werden. Der Platzbedarf jedoch ist nicht unerheblich. Die Krümmungsradien dürfen nicht zu klein sein.

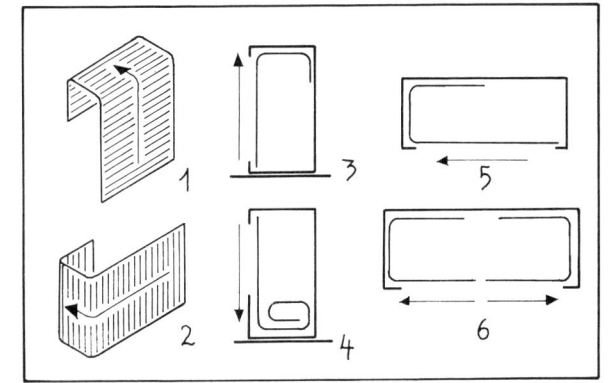

Laufrichtungen
1 vertikal
2 horizontal
3 nach oben
4 nach unten
5 einseitig
6 zweiseitig

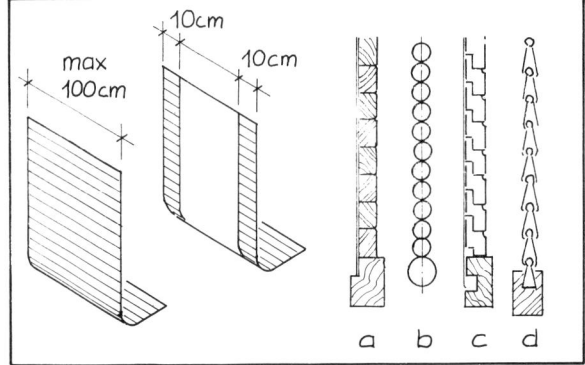

Rollenstäbe
Material: Hartholz, Kunststoff
Abmessungen:
maximal 100 cm Breite
Verbindungen:
mit Drillich, Bändern, Gurten, Schnüren
a) Flachleisten, auf Gurte geklammert
b) Rundstäbe, durchbohrt, mit Schnüren verbunden
c) Raupenprofil, staubdicht
d) Kunststoffprofil, überschoben

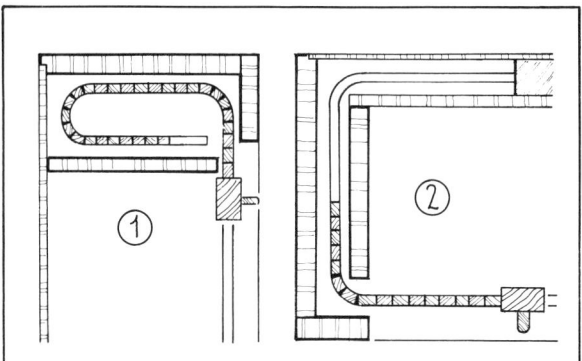

Führungsarten
1 vertikal, z.B. im Schrankkranz aufgerollt
2 horizontal, z.B. hinter doppelter Rückwand
Anmerkung: Je größer der Rollradius, desto leichtgängiger die Führung!

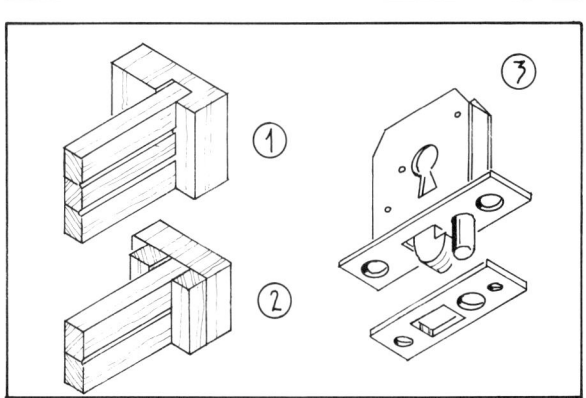

Führungen, seitlich
1 in Korpuswand, gefräste Nut
2 mit Leisten, bei Rundungen jedoch schwierig
Anmerkung: Die Nut muß 1 mm breiter als der Rollenstab dick sein, sonst zuviel Reibung!
3 Jalousie- bzw. Schiebetürschloß

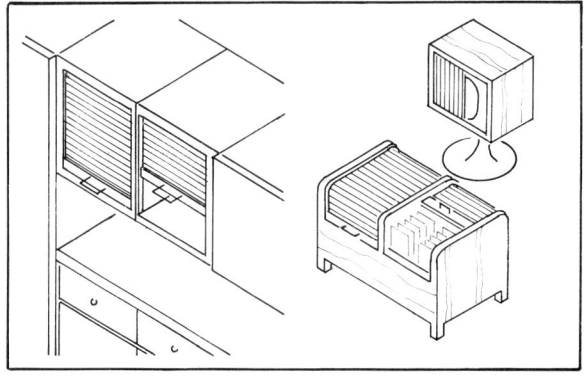

Anwendungen
Büromöbel
Hängeschränke
Karteikästen
Fernsehschränke

Klappen-Bauarten

Klappen sind ähnlich wie Türen, nur lassen sie sich horizontal bewegen und können im geöffneten Zustand als Ablage- oder Schreibfläche genutzt werden. Außer bei Truhen kommen sie hauptsächlich bei Schreibschränken oder Sekretären vor.

Eine Vielzahl unterschiedlicher Abstützungen und Abstoppungen halten diese Klappen in waagerechter Stellung. Wandklapptische sind platzsparende Sonderanfertigungen für kleine Räume mit wenig Platz. Klappfalttische werden für große Klappen verwendet. Sie sind meist zweiteilig, wobei ein Teil die Abstützung zum Boden bildet.

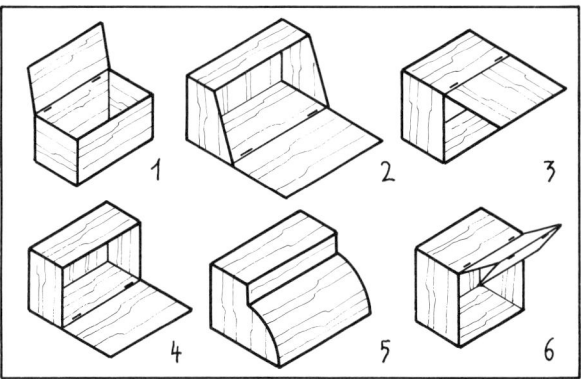

Öffnungsarten
1 liegend, z.B. Truhendeckel
2 schräg, z.B. Schreibschrank
3 obenhängend, Abstützung notwendig
4 untenhängend, Abstützung notwendig
5 rund, Haube als ganzes Stück oder als Rolladen
6 hängend, geteilte Klappe mit Selbstarretierung, z.B. Küchenhängeschrank

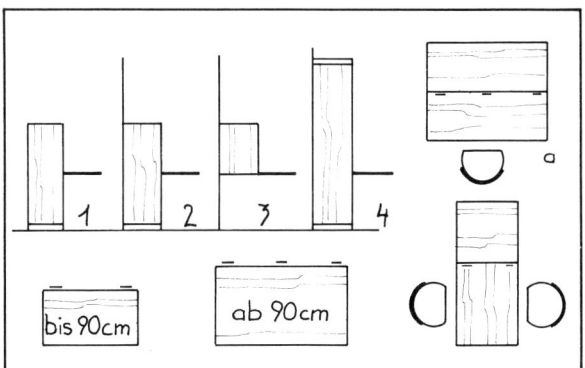

Schreibschränke
Stellungen:
1 frei im Raum
2 an Wand
3 aufgehängt
4 eingebaut
a) Nutzungsvarianten

Bänderzahl:
Ab 90 cm Klappenbreite werden 3 Einzelbänder benötigt.

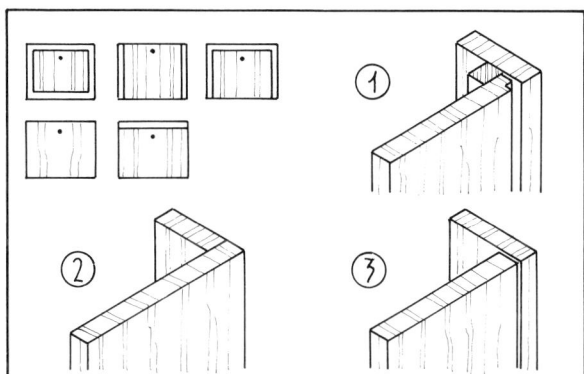

Anschlagarten
Je nach Gestaltungsabsichten der Vorderfronten von Klappenschränken unterscheidet man Anschläge als:
1 zwischenschlagend, mit Schraubleiste als Anschlag
2 vorschlagend
3 zwischenschlagend, einfache Ausführung

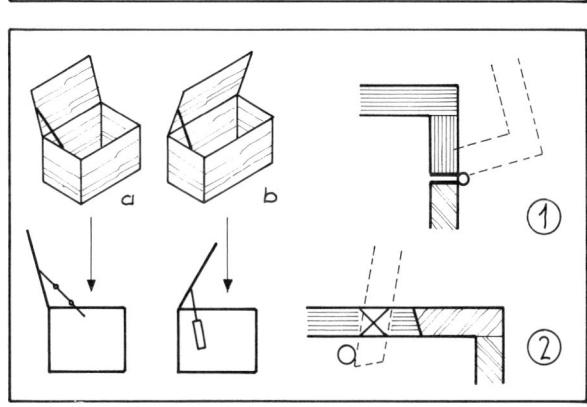

Truhendeckel
Öffnungsgrade:
a) mit Schere oder Kette > 90°
b) mit Deckelstütze < 90°, hier als Klappenbremse

Befestigung:
1 auf der Rückseite
2 in der Deckelfläche

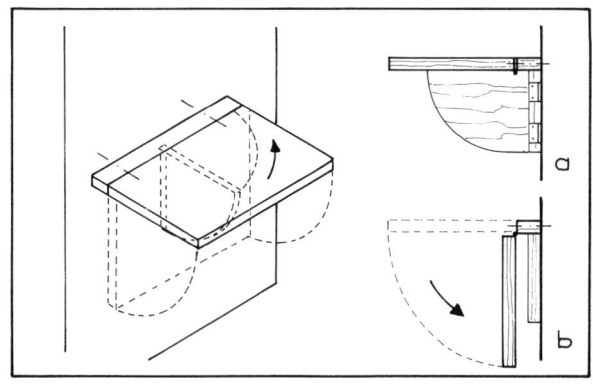

Wandklappen
(Klapptische). Verwendung in kleinen Küchen als Frühstückstisch, relativ einfache Montage.
a) aufgeklappt, mit geschwenkter Konsole
b) abgeklappt, Ruhestellung

Klappen-Beschläge

Abstützungen, Abstoppungen
halten die Klappe in horizontaler Ruhestellung. Die simpelste Abstützung ist ein unter die Klappe gestellter Stab. Ausfahrbare Konsolen sind eleganter. Abstoppungen bekommt man in Form von einfachen Klappenscheren bis hin zu pneumatischen Klappenbremsen die die Klappe sanft hinabgleiten lassen.

Klappenbänder bilden die bewegliche Verbindung zwischen einer Klappe und einem Schrank. Meist sind sie eingelassen und geschraubt. Günstig sind Bänder, die einen stufenlosen Übergang zwischen den Oberflächen von Klappe und Schrankboden gewähren.

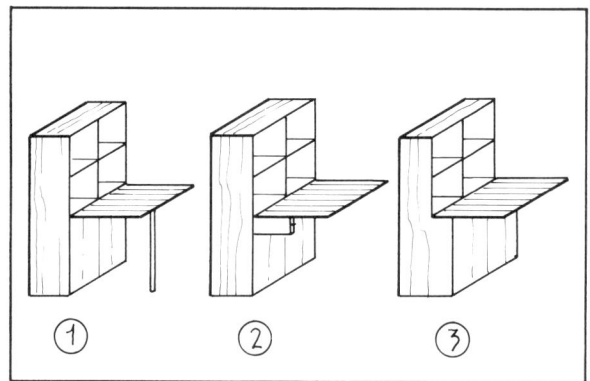

Abstützungen
1 mit Bein, an Platte beweglich befestigt und aufklappbar
2 mit Konsolen, ausziehbar
3 mit Auflager, durch Sockelvorbau, punktweise oder flächig

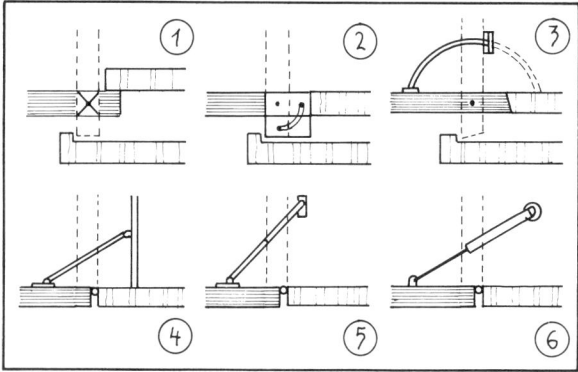

Abstoppungen
1 durch Anschlagen unter dem Zwischenboden
2 mit Spezialzapfenband
3 mit Metallbügel
4 mit Bremse in Gleitschiene
5 mit Schere
6 mit Klappenbremse, pneumatisch

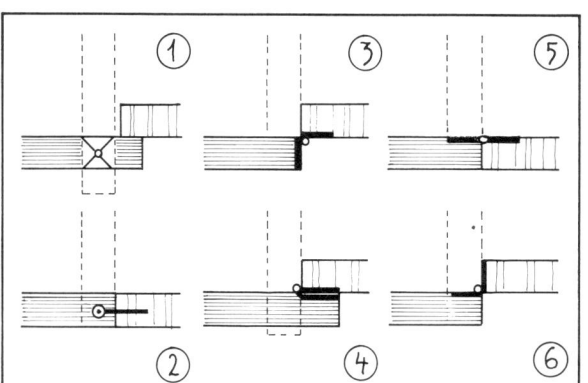

Bandanordnungen
● in der Klappe
1 Zapfenband
2 Einbohrband, bündiger Übergang

● unter der Klappe:
3 Stangenscharnier
4 Aufsatzband
5 Klappenscharnier, bündiger Übergang
6 gerades Band

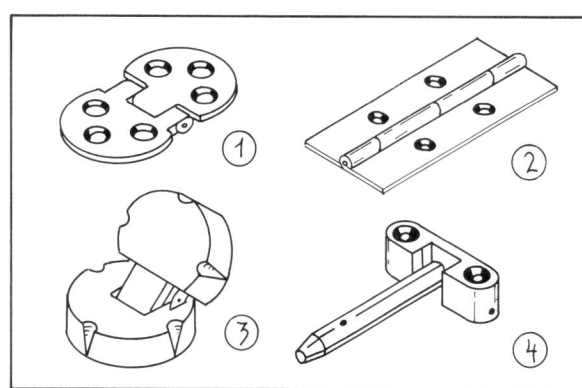

Bänder und Scharniere
1 Klappenscharnier
2 Stangenscharnier, einfache Montage
3 Einbohrklappenscharnier
4 Einbohrband

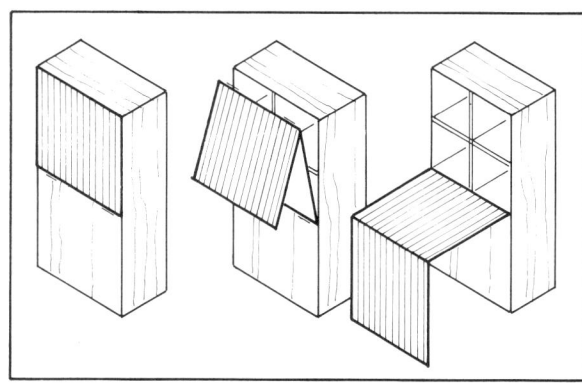

Klapp-Falttisch besteht aus zwei Teilen: einer Klappseite als Tischplatte, einer Klappseite als Wange. In der Funktion praktisch, als Konstruktion jedoch aufwendig und schwergewichtig.

Zuhaltungen

Schlösser

Schlösser gibt es verschiedene. Je nach Bauart der Tür unterscheidet man linke und rechte Schlösser.

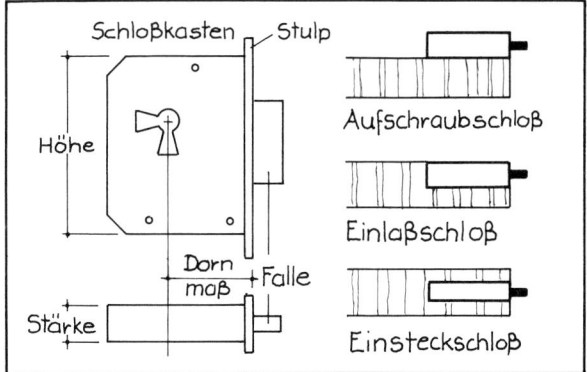

Schlösser werden je nach Türstärke aufgeschraubt, eingelassen und eingesteckt. Das Dornmaß bestimmt die Größe der Schloßkästen.
Doppelte Schlüssellochausführungen gibt es für Kastenverschlüsse.

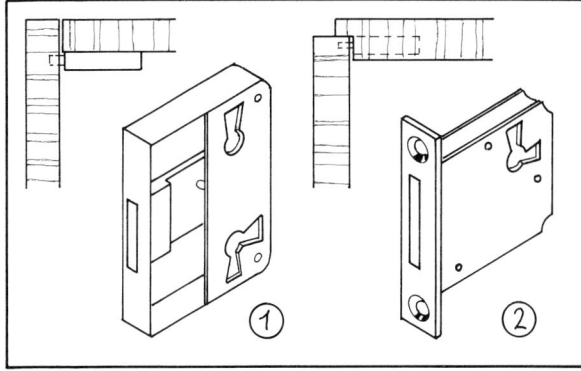

Kastenschlösser
1 für einfache Möbel, auf der Türinnenseite befestigt; leichte Montage durch Aufschrauben

Einsteckschlösser
2 für zwischenschlagende oder überfälzte Türen, in die Türstirnseite eingearbeitet. Die Einlassung muß gebohrt und ausgestochen werden.

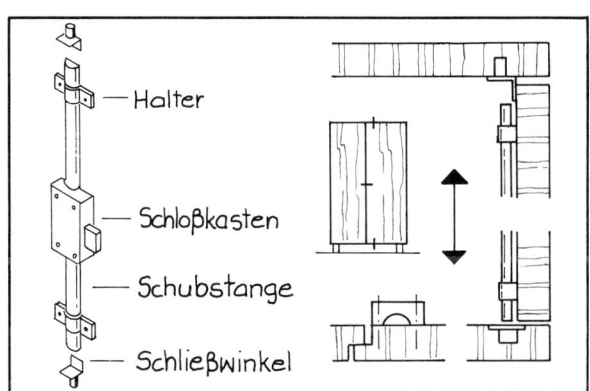

Stangenschlösser für hohe Türen, auch doppelflügelig. Durch Schlüsseldrehung bewegen sich die Stangen hinter die Schließwinkel auf- und abwärts.

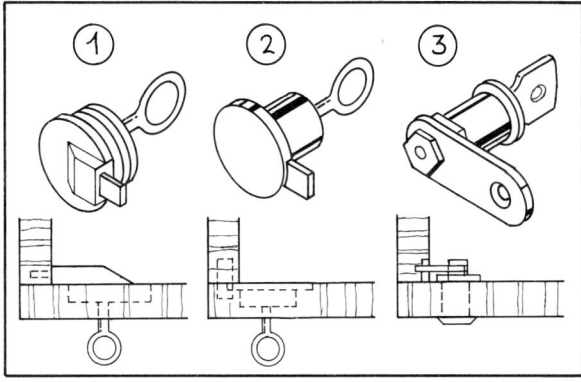

Einbohrschlösser für alle Anschlagarten
1 mit Falle, auftragend
2 mit Falle, verdeckt
3 mit Kipphebel und Sicherheitszylinder

Einbau:
Das Gehäuse wird in das vorgebohrte Loch eingesteckt und gegen Verdrehen festgeschraubt.

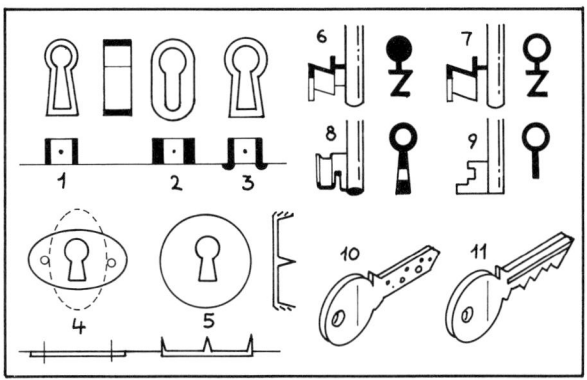

Schlüssel und Schlösser
1 bis 3   Schlüsselbuchsen, eingelassen
4/5   Schlüsselschilder, aufgesetzt

Schlüsselbärte
6   durchgehend
7 bis 9   gebohrt
10/11   für Zylindersicherheitsschlösser

Schnäpper

Zuhaltungen in Form von
Schnäppern und Federn verwendet man statt Schlösser. Sie
sind in der Regel innenliegend angebracht und halten Türen oder
Klappen durch Magnetwirkung
oder mechanische Rückhaltung
in Ausgangsposition. Je nach ge-
wünschtem Öffnungswiderstand
lassen sich Schnäpper unterschiedlich einstellen.

Zuhaltungen in Form von
mechanischen Riegeln findet man
nur bei zweiflügeligen Türöffnun-
gen, d.h. die Öffnung erfolgt von
innen, wenn die mit einem
Schloß versehene rechte Tür
schon geöffnet ist. Zuhaltungen
gibt es als Aufschraub- oder Ein-
baubeschläge, meist aus Metall
oder Kunststoff.

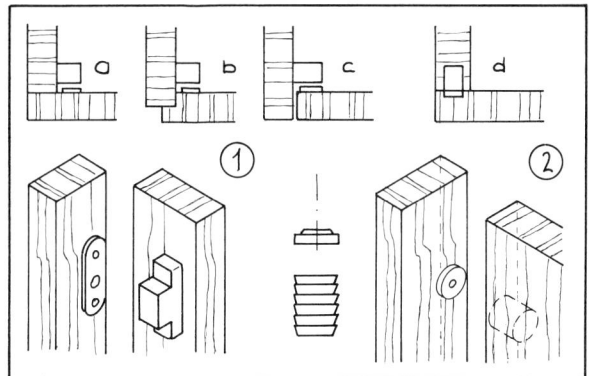

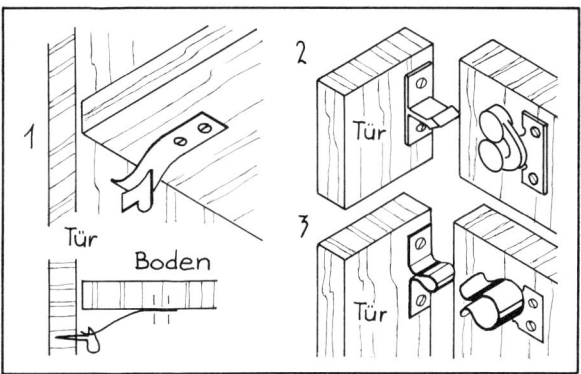

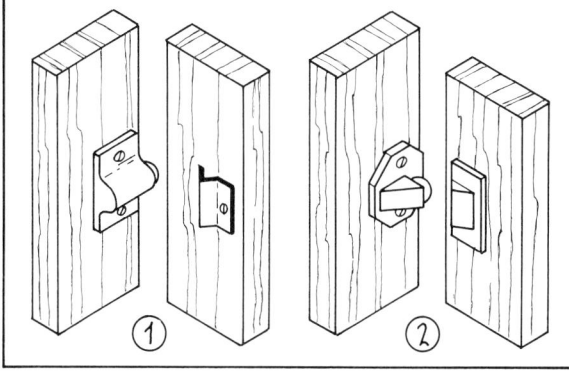

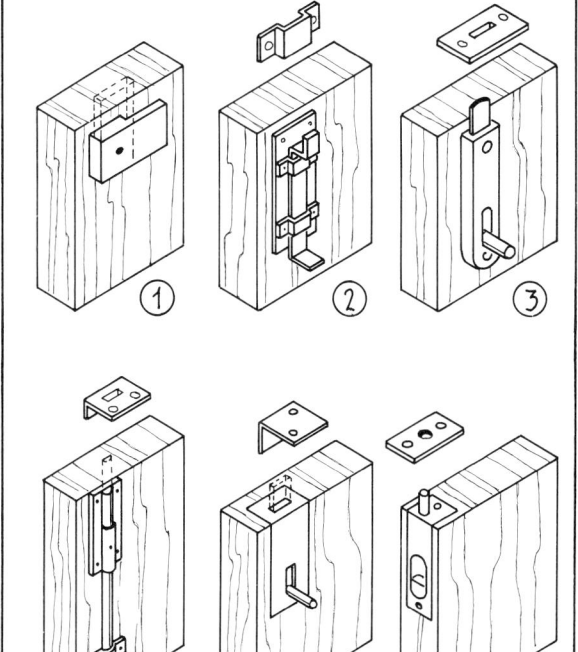

Magnetschnäpper eignen sich für
alle Anschlagarten (a–c). Einbohrschnäpper sind zylindrisch und werden in ein Bohrloch gesteckt (d).
1 Magnetgehäuse an Korpus-
   seite, Metallplatte auf Tür
2 Einbohrschnäpper in Korpus-
   seite, Metallplatte an Tür

Schrankfedern
nur bei zweitürigen Schränken.
1 Tür mit Hakenschraube, Einlegeboden mit Stahlfeder.
   Die Stahlfeder schnappt beim
   Zuschlagen der Tür in die
   Hakenschraube ein.
2 Rollenschnäpper, Kunststoff
3 Federschnäpper, Metall

Kugel- und Rollenschnäpper
1 aus Metall
2 aus Kunststoff
Geeignet für Kleinmöbel und alle
Anschlagarten; leichte Montage
durch Aufschrauben.

Riegel, nur für doppelflügelige
Türen, z.B. bei Kleiderschränken.
1 Holzwirbel, Verriegelung
   durch Drehen nach oben
2 Schubriegel, gekröpft, für
   vorschlagende Türen
3 Schubriegel, gerade, mit
   Einlaßblech
4 Stangenriegel (Baskül),
   für hohe Türen
5/6 Kantenriegel, eingelassen

Vorteil: Freier Schrankraum
Nachteil: Aufwendiger Einbau

Knöpfe, Griffe

Knöpfe und Griffe sind Bedienungselemente zum Öffnen und Schließen von Schubkästen, Klappen, Türen und Rolläden. Wegen ihrer Funktion sollten sie handlich ausgeformt, d.h. weder scharfkantig noch zu klein sein. Andererseits dürfen sie wegen Verletzungsgefahr nicht zu weit von der Möbelfront vorstehen. Neben Knöpfen und Griffen gibt es noch Griffschienen oder -leisten, die meist der vollen Kantenlänge nach, z.B. an Schubkästen, befestigt sind. Eine Vielzahl verschiedener Materialien, die ein Möbel gestalterisch bereichern, wird hierbei eingesetzt.

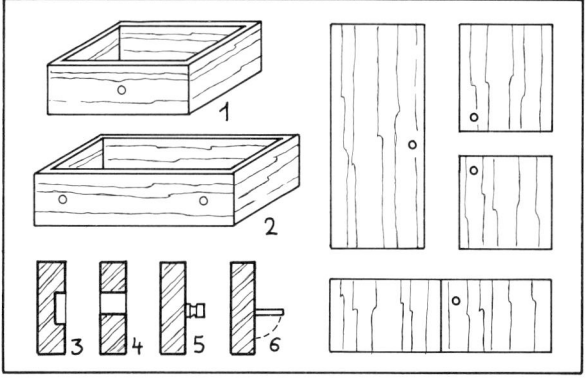

Positionen
1 an Schubkästen, z.B. mittig bei schmalen, doppelt bei breiten Kästen
2 an Türen, z.B. bei hochkantigen, bei quadratischen, bei doppelflügeligen

Bauarten
3 tiefliegend (Muschel)
4 durchstoßend (Loch)
5 vorstehend (Knopf)
6 klappbar (Bügel)

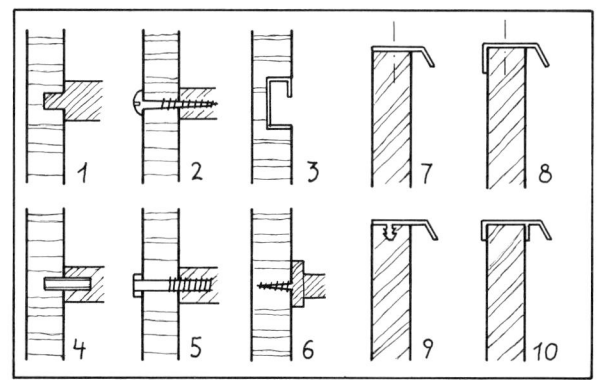

Befestigungen
1 Zapfen, angedreht
2 von innen verschraubt
3 Kunststoffprofil, eingelassen
4 gedübelt
5 mit Gewindeschraube
6 Knopf, aufgeschraubt
7 Kunststoff- oder Metallprofile,
bis durchlaufend als Griffschienen
10 geschraubt, geklebt, genutet oder geklemmt.

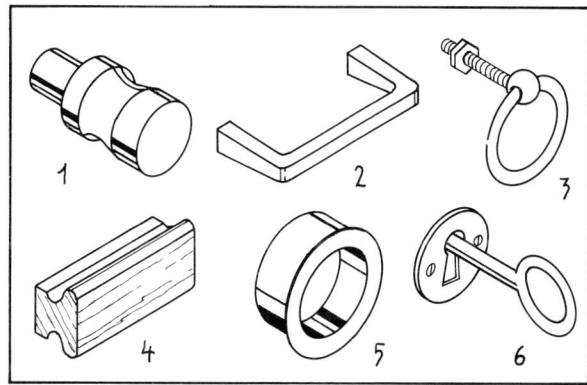

Griffe, einzeln,
für Schubkästen und Türen
1 Holzknopf
2 Bügelgriff
3 Ring
4 Griffleiste, profiliert
5 Muschelgriff, eingelassen
6 Schloß, Schlüssel dient als Griff

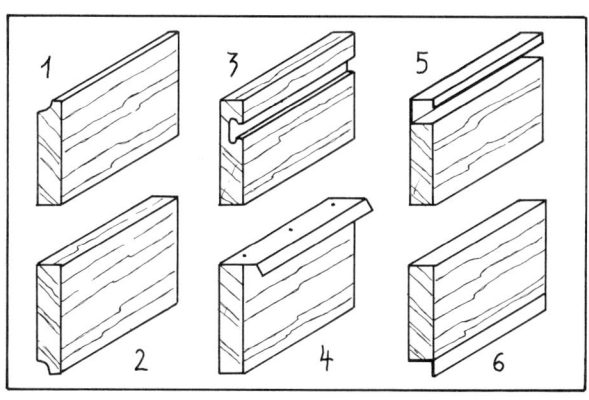

Griffleisten, durchlaufend
meist bei Schubkästen
1 bis 3 als Ober- und Unterkante unsichtbar bzw. als Griffschlitz durchlaufend aus einem Stück
4 bis 6 aus Metall oder Kunststoff auf- bzw. untergeschraubt.

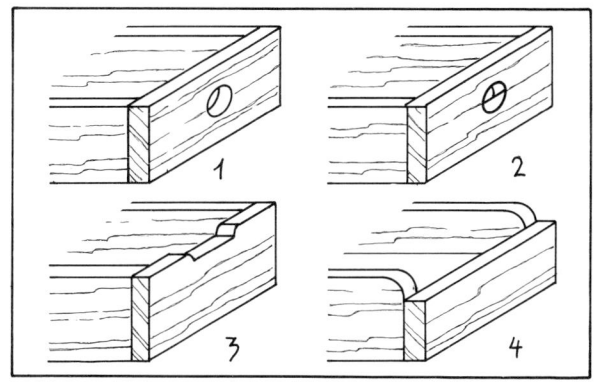

Sonderformen meist bei Sekretären oder Kleiderschränken
1 einfaches Loch
2 Griffmuschel, eingeleimt
3 Griffschlitz
4 englischer Zug (Kleiderschränke)

Anmerkung: Diese Sonderformen sind nur bedingt staubdicht!

Kästen

Schubkästen

Schubkästen unterscheiden sich in ihren Führungen. Laufende Schubkästen bewegen sich auf Laufleisten, hängende auf seitlichen Laufschienen. Kastenverbindungen in Massivholz sind gegratet oder gezinkt. Ihre Anordnung erfolgt sichtbar oder verdeckt hinter Türen.

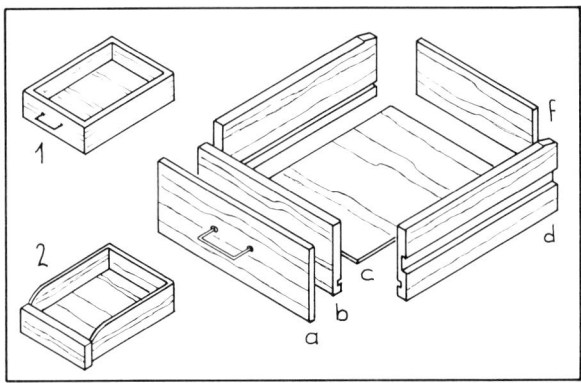

Schubkästen
1 in Möbelfront, sichtbar
2 als Möbelzug, mit halbhohem Vorderstück hinter Schranktüren verdeckt, z.B. im Kleiderschrank

Bauteile
a) Aufdoppelung
b) Vorderstück
c) Boden
d) Seitenstück, Führung
e) Hinterstück

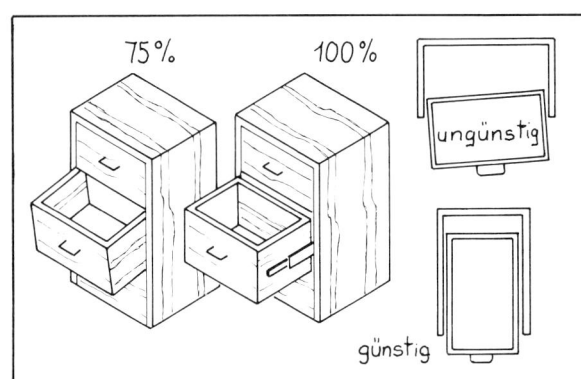

Konventionelle Schubkästen lassen sich zu 3/4 ihrer Länge herausziehen, mit Teleskopen ganz. Breite Schubkästen verkanten leicht, schmale und tiefe laufen besser.

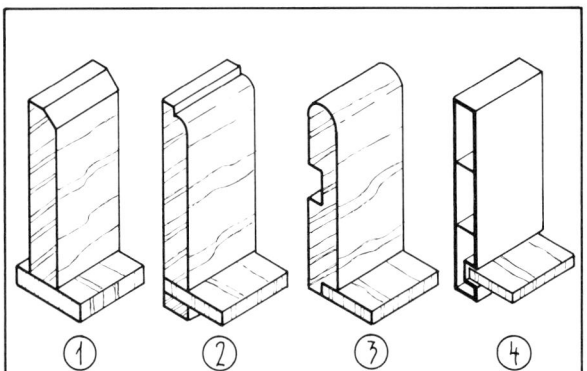

Seiten und Böden
1 Seite oben angefast, Boden aus Massivholz mit Überstand
2 Seite oben gefälzt, Boden aus Sperrholz mit Laufleiste
3 Seite oben verrundet, seitlich genutet (hängender Schubkasten) Boden eingefälzt
4 Seite aus Kunststoffhohlprofil, Boden eingesteckt

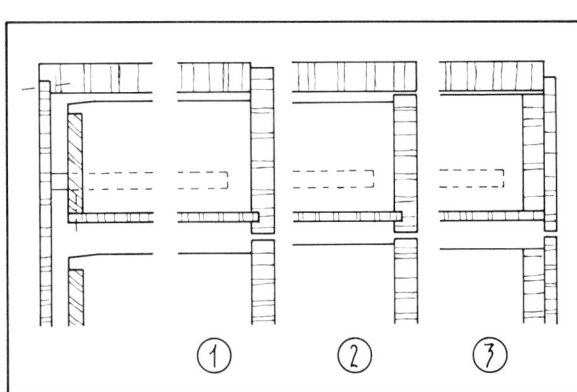

Anschlagarten
1 vorschlagend, gleichzeitig abstoppend
2 zwischenschlagend, Korpus und Traversenkante sichtbar
3 überfälzt, Vorderstück aufgedoppelt, staubdicht

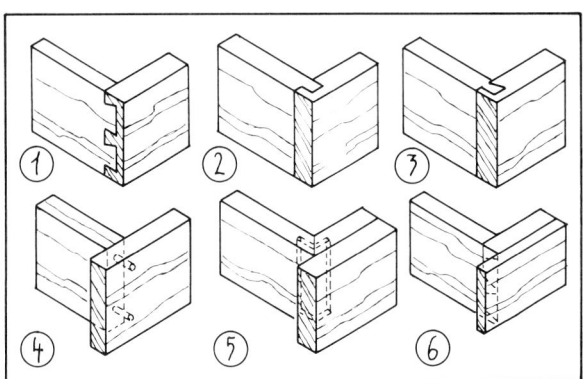

Eckverbindungen
1 gezinkt, verdeckt (sehr stabil)
2 gefedert
3 gegratet (sehr stabil)
4 gedübelt
5 mit Winkelfeder, Ecke auf Gehrung
6 gezinkt, offen, Aufdoppelung notwendig

Kästen, laufend

Laufende Schubkästen eignen sich aufgrund ihrer vorteilhaften Gewichtsverteilung von den Seitenkanten auf die Laufrahmen gut bei hohen Belastungen. Seitenteile und Rahmen sollten, da sie sich durch Reibung abnutzen, aus massivem Hartholz sein. Die hinteren Abkantungen ober- und unterhalb der Seitenteile ermöglichen ein klemmfreies Einschieben des Schubkastens in ein Möbel.

Für den Boden werden Sperrholz- oder Hartfaserplatten verwendet.

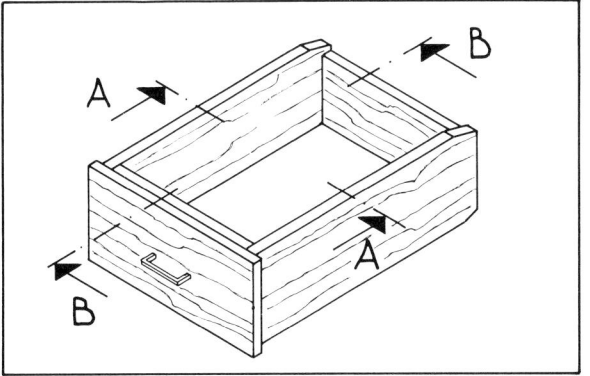

Aufbau
Schubkasten, laufend
Isometrie mit Schnittlegung für die unten erläuterten Details

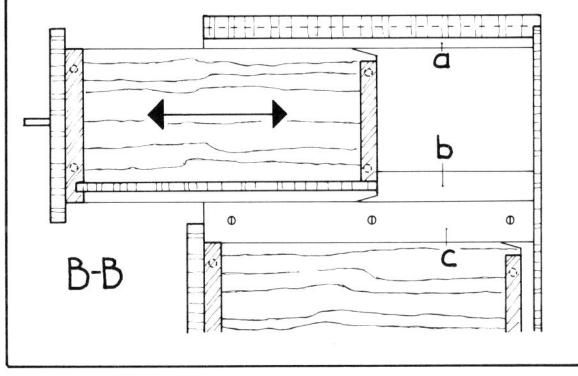

Frontalschnitt A-A
a) Kippleiste, verhindert zu frühes Kippen beim Herausziehen
b) Streichleiste, dient der Seitenführung
c) Laufleiste, gleichzeitig Kippleiste für unteren Schubkasten

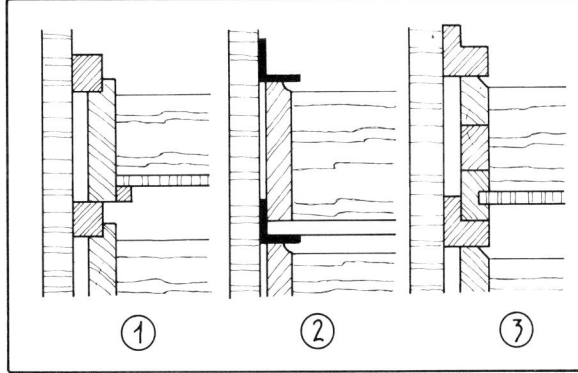

Vertikalschnitt B-B
a) bis c) siehe Frontalschnitt A-A. Abstoppung erfolgt durch aufgedoppeltes Vorderstück (Anschlag).
Die hinteren Kanten der beiden Seitenteile sind angeschrägt, womit sich der Kasten besser in das Gehäuse einführen läßt und nicht verkantet.

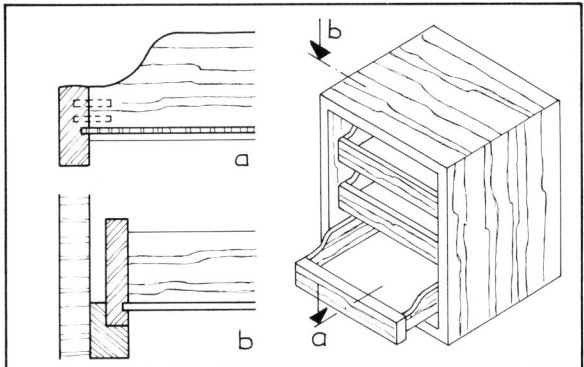

Sonderkonstruktionen
1 Holzlaufleiste, mit gefälzter Schubkastenseite
2 L-Metallprofil, platzsparende Führung, einfache Montage
3 Holzwinkelleiste

Kastenauszüge findet man in selbständigen Schubkastengehäusen in Wäscheschränken oder Schreibtischen. Das flache Vorderstück dient als Griffleiste und gewährt Einsicht in das Schubkasteninnere.

Kästen, hängend

Hängende Schubkästen haben
ihre Führung in den Seitenteilen,
d.h., diese sind eingenutet, die
Laufschiene ist zugleich auch
Streich- und Kippleiste.
Die Nuttiefe in den Seitenteilen
sollte maximal 1/3 der Seitenteil-
stärke betragen, um genügend
Stabilität zu gewährleisten.
Eine Ausnahme bilden die Teles-
kopzüge. Diese sind mit den
Kastenseiten verschraubt und
laufen über Rollen in Führungs-
schienen, die mit den Korpusseiten verbunden sind. Teleskope
gibt es auch in aushängbaren
Ausführungen.

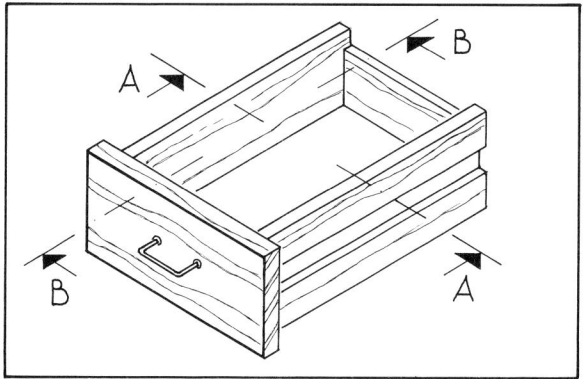

Aufbau
Schubkasten, hängend
Isometrie mit Schnittlegung
für die unten erläuterten Details

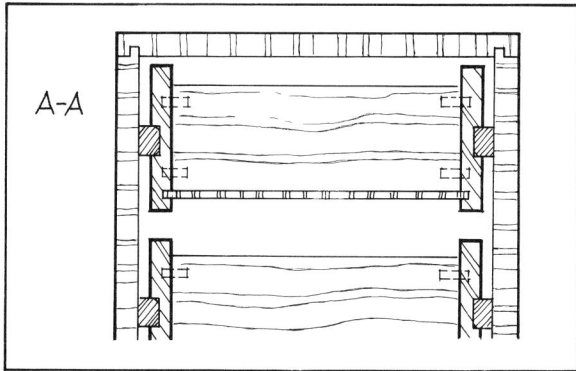

Frontalschnitt A-A
Die Schubkastenseite sollte bis
maximal 1/3 ihrer Stärke eingenutet sein. Die Laufleiste ist zugleich Kipp- und Streichleiste.
Sie wird an den Korpus ange-
schraubt. Die Kanten sind gefast
und bieten somit geringe
Reibung.

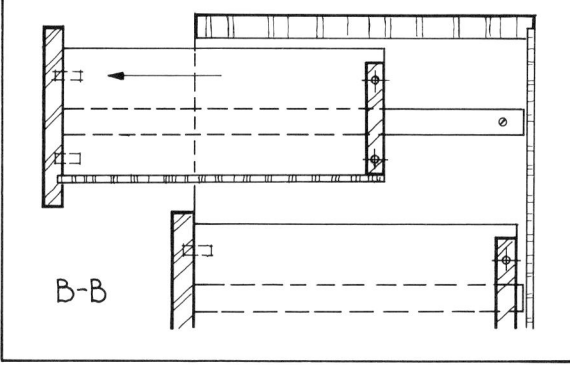

Vertikalschnitt B-B
Schubkasten, hängend, vorn vorschlagend.
Anmerkung: Auf mit Seife
bestrichenen Laufleisten gleitet
der Schubkasten besser!
Laufgünstig sind auch Kunststoff-
gleitschienen.

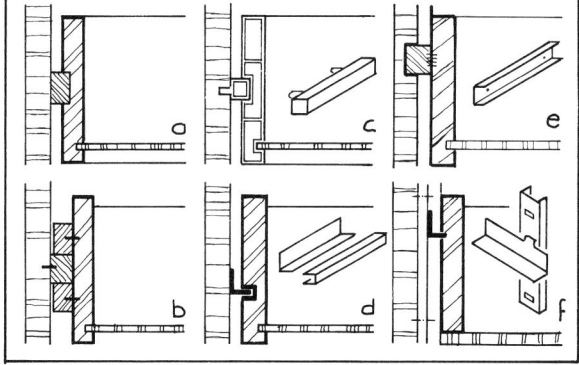

Führungen
a) auf Holzleiste
b) auf Holzleiste mit zwei
   Seitenteilleisten
c) auf vorgefertigten Kunststoff-
   profilen
d) auf Metallschiene
e) mit aufgeleimter Holzleiste
   an Seitenteil, geführt in Kunst-
   stoff-U-Profil
f) mit einhängbarer Metallschiene, höhenverstellbar,
   z.B. bei Regalen

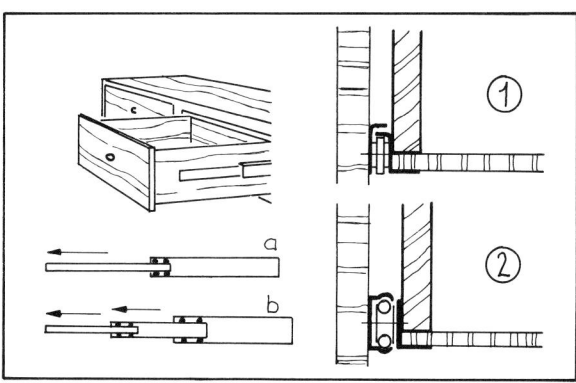

Teleskope vergrößern die Aus-
ziehtiefe erheblich und sind sehr
leichtgängig. Sie bestehen aus
Spezialprofilen mit
1 Rollen oder
2 Kugellagern.
Teleskope können ein- oder
mehrarmig sein a), b).

Regale und Gestelle

Regale, stehend

Bei Regalen unterscheidet man festmontierte (Wandregal) von freistehenden (Gestelle). Die Freistehenden bestehen entweder aus Massivholzrahmen oder Wangen in Plattenbauweise. Stabilität erhalten sie durch feste Böden oder zusätzliche Aussteifungen.

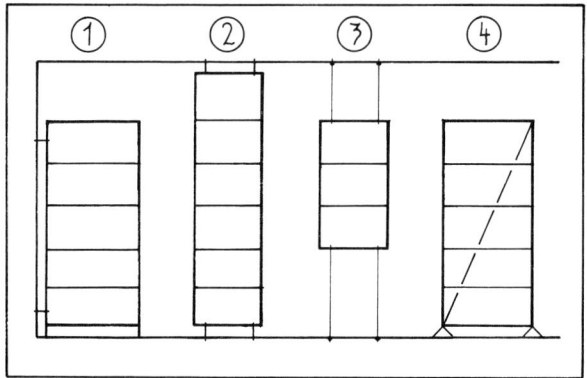

Aufstellungsarten
1 Wandanschluß, feststehend
2 Decken-Bodenanschluß, raumhoch, hohe Stabilität
3 aufgehängt, z.B. an Seilen oder Drähte
4 freistehend, mit Diagonalaussteifung

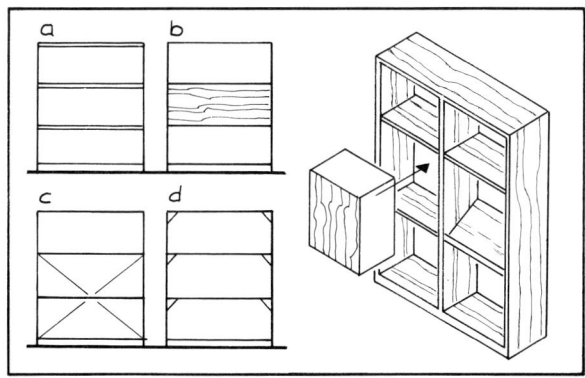

Aussteifungen erfolgen durch:
a) Böden, fest eingebaut
b) Rückwände,
c) Diagonalen, mit Seilen, Leisten oder Latten
d) Ecken, biegesteif, eingesetzte Dreiecke

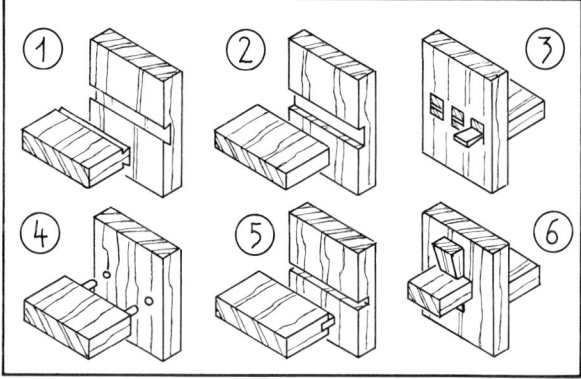

Eckverbindungen
1, 3, 6 geeignet für Massivholz
2, 4, 5 geeignet für Holzwerkstoffplatten

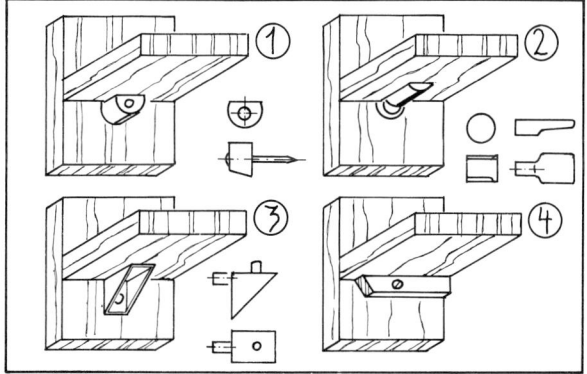

Bodenträger
1 Kunststoffhalter, genagelt
2 Metalldübel, in Buchse gesteckt
3 Kunststoffwinkel, mit Dorn für Einlegeböden
4 Auflageleiste, geschraubt

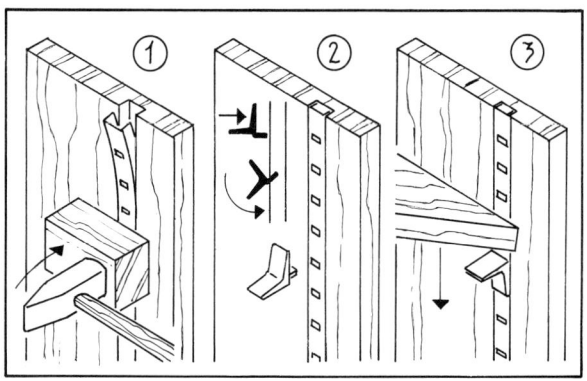

Trägerschienen, aus Metall oder Kunststoff erlauben Höhenverstellbarkeit für Einlegeböden.

Einbaubeispiel:
1 Einsetzen der Schiene in vorgefräste Nut
2 Einklemmen der Bodenträger
3 Einlegeboden schräg aufsetzen

31

Regale, hängend

Festmontierte Regale bestehen meist aus Loch- oder Schlitzschienen für Wandmontage und den dazugehörigen Einhängekonsolen und Böden.
Ausbaufähige Programme werden im Fachhandel preiswert angeboten.
Die Metallteile sind farbig lackiert. Die verstellbaren Böden aus Massivholz oder abgesperrten Platten lassen sich in der Höhe verstellen. Ihre Aufhängung erfolgt über Bügel oder Leitern, die Unterstützung mit Winkeln oder Konsolen.
Die Koppelung von Regalbrettern in einer Höhe bedingt ggf. Doppelkonsolen oder verbreiterte Auflagen. Bücher werden durch Bügel abgestützt oder lehnen sich an die Bodenträger an.

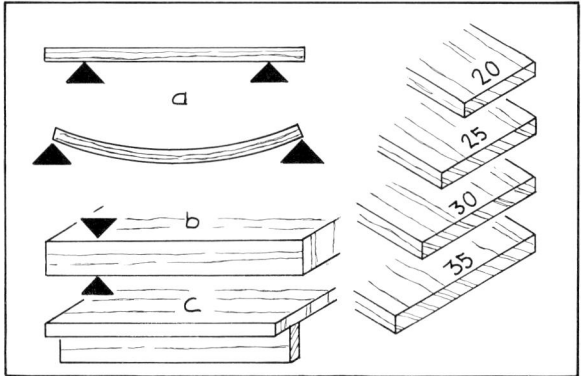

Die **Bodenmaße** sind abhängig von Material, Unterstützung, Belastung und Benutzung.
Verhindern von Durchbiegungen:
a) Auflagerabstand maximal 80 cm bei 19 mm-Platte
b) Plattenverstärkung, z.B. 32 mm-Platte
c) Zargen, untergeschraubt

Empfohlene Tiefenmaße für Regalböden: 20 – 35 cm.

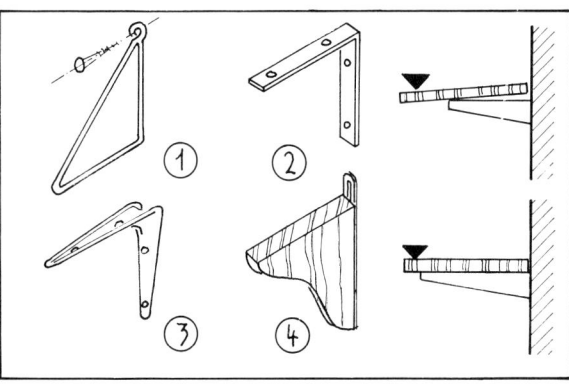

Bügel und Konsolen
1 Drahtbügel
2 Metallwinkel
3 Metallwinkel, versteift
4 Holzkonsole

Anmerkung: Die Tiefe der Bügel und Konsolen sollte 3/4 der Bodentiefe nicht unterschreiten!

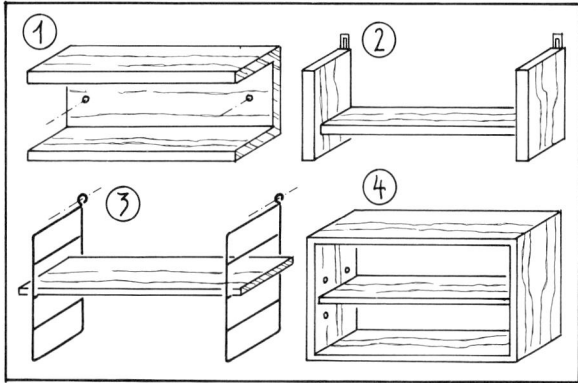

Einzelregale
1 mit fester Rückwand
2 mit Wangen (Buchstützen)
3 Metalldrahtgestelle (Leitern)
4 Korpus mit Einlegeboden, verstellbar

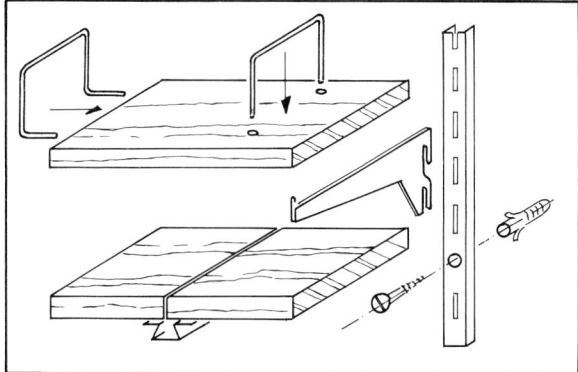

Regalsysteme, bestehend aus U-Schienen für Wandmontage in verschiedenen Längen mit Schlitzen für Konsolen.
Sie werden als Systeme und ausbaufähige Programme für komplette Regalwände im Handel angeboten.

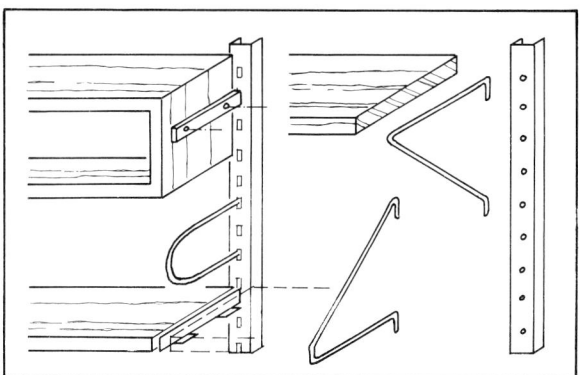

Statt Regalplatten können auch Körper oder Wandhängeschränke mit Drehtüren, Zeitungsständer, aufrechte Buchstützen und Haltewinkel an die Schienen gehängt werden.

Gestelle

Gestelle sind bei Tischen, Stühlen, Betten sowie als Untergestelle für Kommoden zu finden. Sie haben tragende Funktion, sind meist aus Massivholz und in Rahmenbauweise konstruiert.

Da sie Lasten aufnehmen, müssen die Verbindungen, Rahmen, Querschnitte und Aussteifungen entsprechend ausgelegt sein. Die meisten Gestelle mit Ausnahme von Betten, sind nicht zerlegbar.

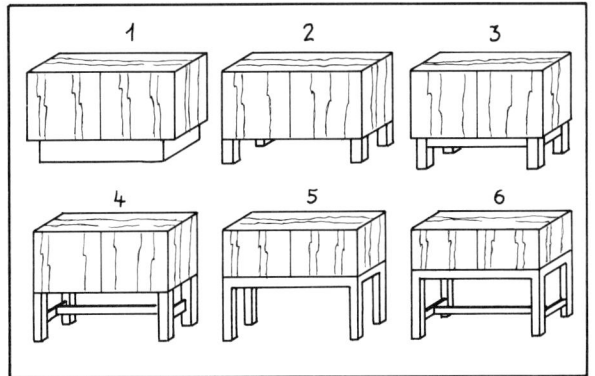

Gestelle, einfach
1 Sockel
2 Füße
3 Zargengestell
4 Gestell mit Mittelsteg
5 Bockgestell
6 Bockgestell mit Mittelsteg

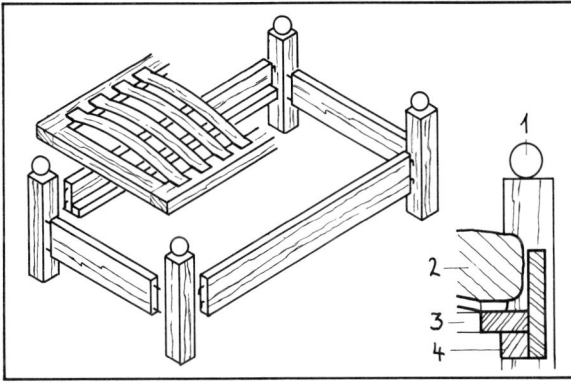

Gestelle, speziell
1 Stuhlgestell
2 Tischgestell
3 Gabel, seitlich
4 Rahmen, seitlich
5 Kufen
6 Stollen, durchlaufend vertikal

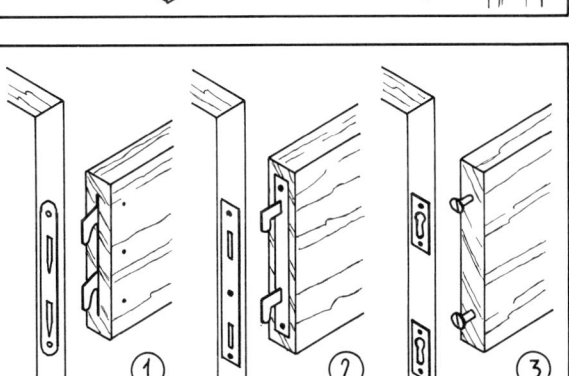

Bettgestelle, meist zerlegbar, bestehend aus Seiten (längs) und Betthäuptern (quer) sowie Einlegerahmen oder Lattenrost
1 Bettpfosten
2 Matratze
3 Einlegerahmen
4 Bettseite mit Trägerleiste für Einlegerahmen

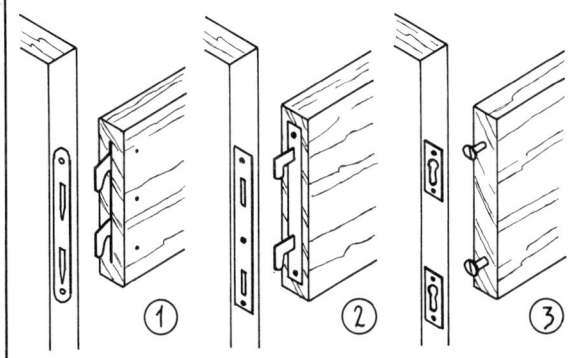

Bettbeschläge verbinden die Seiten mit den Betthäuptern
1 Einlaßbetthaken
2 Berliner Betthaken
3 Bettbeschlag mit Linsenkopfschraube

Gleiter und Rollen
für bewegliche Möbel, z.B. Stühle
1 Nagelgleiter
2 Kronengleiter
3 Gummipuffer
4 Klebefilz
5 Kugelrolle, eingebohrt
6 Rad, eingeschlitzt
7 Rad, untergeschraubt
8 Rad, schwenkbar

Tische und Stühle

Tische

Tische bestehen in der Regel aus Untergestellen (Beinen und Zargen) und Tischplatten (Blättern). Stege steifen die Gestelle aus. Für quadratische und runde Tische bieten sich Säulen an. Eßtische haben Plattenmaße von 130 x 80 cm. Die Oberkanten – auch von Schreibtischen – liegen bei ca. 74 cm, die Kniehöhen über 62 cm.

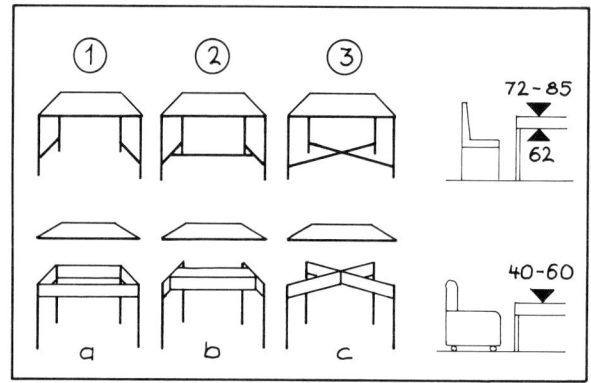

Stege
1 quer
2 quer und mittig
3 diagonal

Zargen
a) umlaufend
b) quer und mittig
c) diagonal

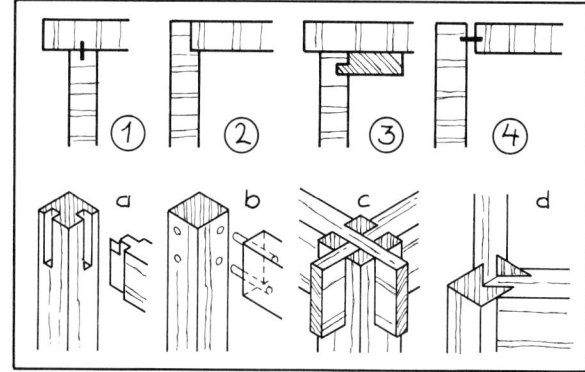

Tischplatten (Blätter)
1 auf Zarge gedübelt
2 in Zarge eingelassen
3 mit Nutzklötzen verschraubt
4 eingehängt

Eckverbindungen
Bein und Zarge
a) gezapft
b) gedübelt
c) ausgeklinkt (Knoten)
d) eingestemmt

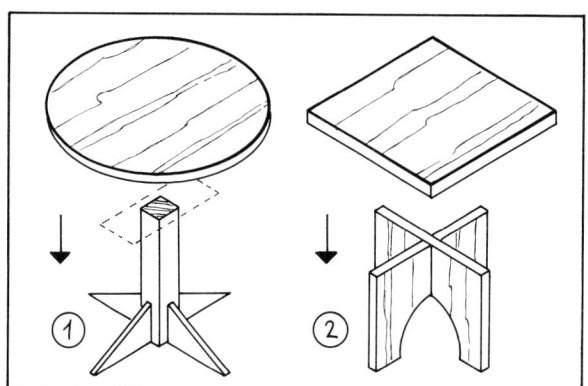

Tischbeine
1 als Stempelfuß, mittig, große Kniefreiheit
2 in Plattenbauweise, überkreuz, zerlegbar

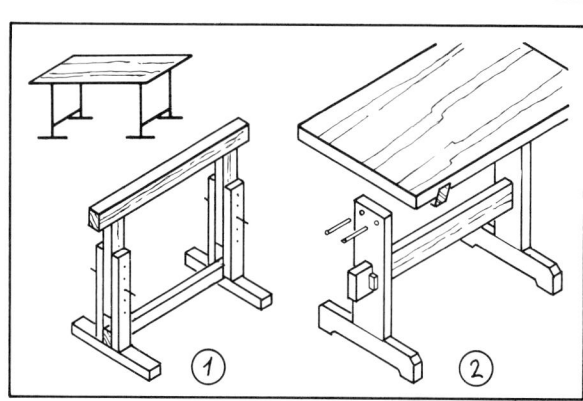

Böcke mit lose aufgelegter Platte sind unkompliziert auf- und abzubauen.
1 Bock, höhenverstellbar
2 Bock, mit Keilzapfen zwischen Steg und Bein.
Die Beine und die Tischplatte aus Schnittholz sind über Dübeln mit den Gratleisten verbunden.

Tischgestelle
1 diagonal gekreuzte Beine für starke Beanspruchung im Außenbereich
2 gestemmte Zargenverbindung (Stollentisch)
Tischblatt über Nutzklötze mit Gestell verbunden

Stühle

Stuhlkonstruktionen unterscheidet man nach Ausbildung, Zahl und Stellung der Beine, nach der Form des Sitzes, der Arm- und Rückenlehne sowie nach der Art der Verbindung. Meistens werden Harthölzer wie Buche, Eiche, Mahagoni verwendet. Aufgrund ihrer hohen Beanspruchung im täglichen Gebrauch müssen die Verbindungen zwischen Zargen und Beinen entsprechend stabil und konstruktiv ausgereift sein.
Je größer die Sitzhöhe, um so kleiner die Sitztiefe; das ist eine Faustregel. Die Maße zusammen liegen bei 95 cm.

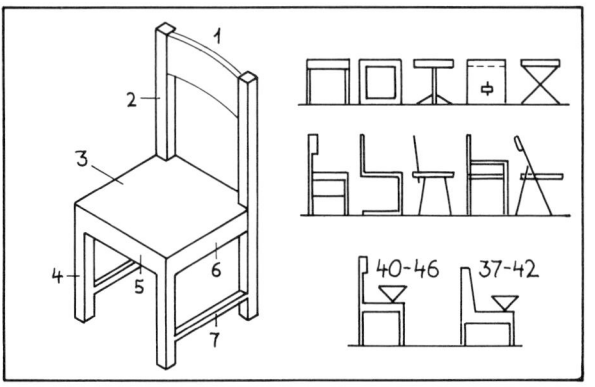

Begriffe
1 Lehne
2 Stollen
3 Sitzfläche
4 Bein
5 Vorderzarge
6 Seite
7 Steg

Abbildung rechts:
verschiedene Konstruktionen

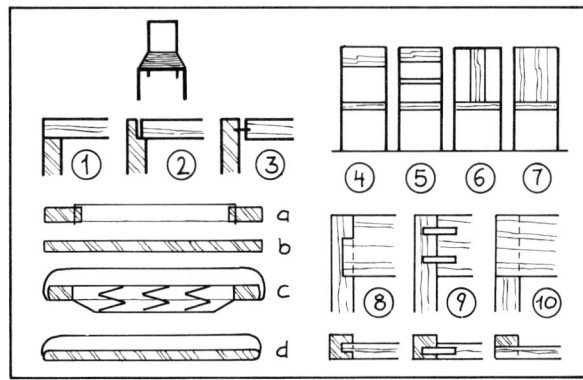

Stuhlsitze
1 auf Zargen
2 in gefälzten Zargen
3 in Zargengestell eingehängt
a) Geflecht
b) Brett
c) Polster, Federkern
d) Polster, Schaumstoff
4 bis 7 **Stuhllehnen**
Verbindungen Lehne-Stollen:
8 Zapfen, abgesetzt
9 gedübelt
10 überblattet

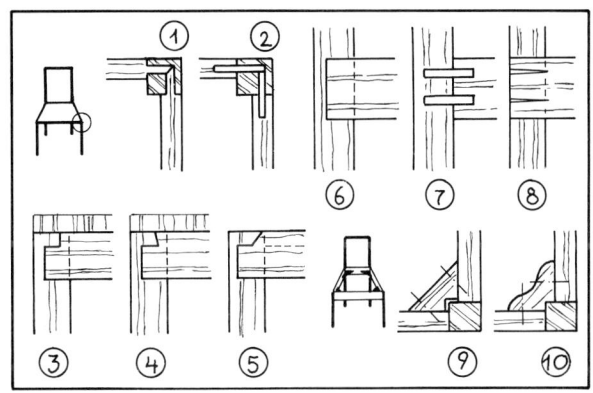

Verbindungen Zarge – Bein
1 gezapft
2 gedübelt

Zapfenfedern
3 gerade
4 schräg nach vorn
5 schräg nach hinten

Zapfenverbände
6 verdeckt
7 gedübelt
8 durchgehend verkeilt
9 und 10 Aussteifungen

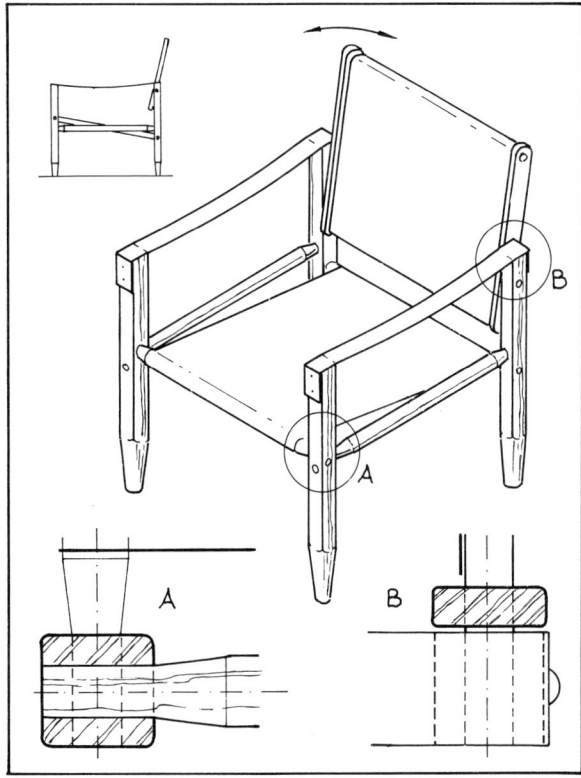

Traillenstuhl
Er besteht aus lösbaren Stabverbindungen. Das Prinzip liegt darin, daß die eingebohrten Sprossen durch Druckbeanspruchung zusammengehalten werden (Detail A). Bei diesem Armlehnstuhl werden die Gestellteile von den mit Schnüren gespannten Leinensitzen gehalten. Die Armlehnen sind aus Lederstreifen. Zwei starke Bolzen verbinden das Gestell mit der beweglichen Rückenlehne (Detail B).

2
Möbelverbindungen

KLAUS PRACHT · JENS BECKER

Einleitung

Dieses Kapitel informiert anhand von Zeichnungen über die wichtigsten Holzverbindungen und deren Ausführung. Besprochen werden zunächst Werkzeuge und Maschinen sowie Hilfsmittel wie Einspannvorrichtungen, die zur Herstellung der Verbindungen benötigt werden. Es werden sowohl feste als auch lösbare Verbindungen dargestellt, angefangen von den klassischen gezapften oder gezinkten Verbindungen bis zu den im modernen Möbelbau üblichen Metallverbindern.

Holz ist ein lebender Werkstoff. Seine Struktur und seine Eigenschaften sind bei der Verarbeitung unbedingt zu berücksichtigen. Der Gebrauchswert eines Möbels kann mit der Wahl der richtigen Holzverbindung gesteigert, bei Verwendung der falschen Verbindung aber auch erheblich eingeschränkt werden. Die Kenntnis der Verbindungsmöglichkeiten von Holz ist daher für jeden, der sich mit Möbelbau beschäftigt, unerläßlich.

Werkzeug

Meßwerkzeug

Meß- und Zeichengeräte machen sorgfältiges Arbeiten überhaupt erst möglich. Sie dienen dazu, Informationen aus Zeichnungen auf die Werkstücke zu übertragen.

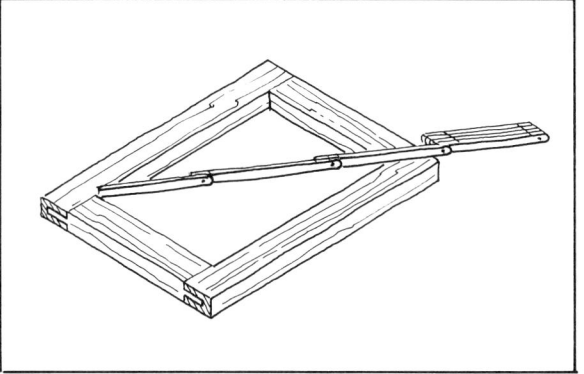

Der **Meterstab** besteht aus Gliedern und Gelenken mit Millimetereinteilung.
Gesamtlänge: 2 m

Gleichgroße Diagonalmaße in einem Rahmen beweisen dessen Rechtwinkligkeit.

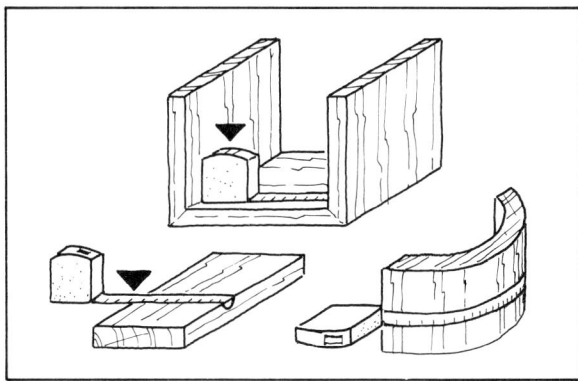

Das **Rollbandmaß,** meist 2 m lang mit Millimetereinteilung, besteht aus Federstahl mit automatischem Rücklauf und ist gut geeignet für Innenmessungen und Körperumfänge.

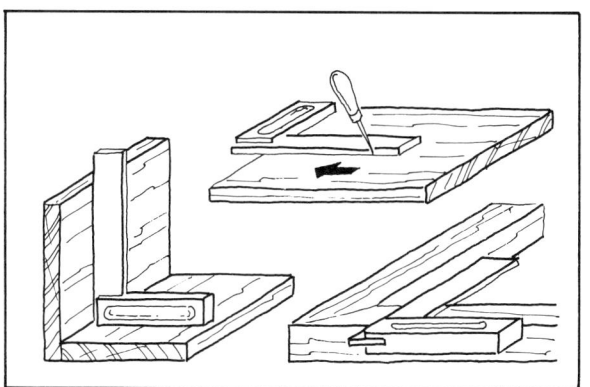

Der **Winkel** dient zum rechtwinkligen Anreißen und Ausrichten, horizontal und vertikal.
1 Anschlag
2 Zunge

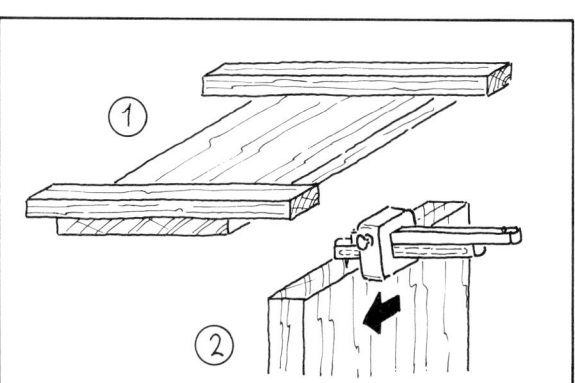

1 Das **Richtholz** – aus Teakholz und somit absolut formstabil – ist geeignet zum Prüfen von geraden, gehobelten Flächen. Beide Oberkanten der Richthölzer müssen sich decken, d.h. beim Darübergucken parallel zusammenlaufen.
2 Das **Streichmaß** besteht aus zwei parallel verschiebbaren Armen mit Anreißnadel. Es dient zum Anreißen von Parallelen zur Winkelkante.

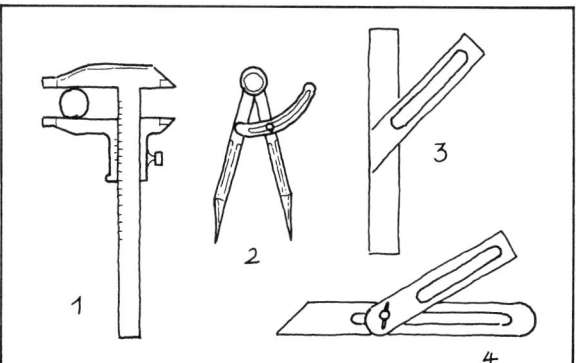

1 Die **Schieblehre** ist geeignet zum Messen paßgenauer Arbeiten, z.B. von Bohrungen.
2 Der **Steckzirkel** dient zum Anreißen und Übertragen von Bögen und Radien.
3 Das **Gehrungsmaß** hat feste Winkel von 30° und 60°
4 Die **Schmiege,** verstellbar, dient zum Prüfen und Abtragen von Winkeln.

Handwerkzeug

Für die Bearbeitung von Holz werden vor allem scharfe Werkzeuge benötigt, die geschliffen werden können.
Der Freizeithandwerker sollte sich einen Satz qualitativ guter Handwerkszeuge zulegen. Diese müssen nicht neu, sie können, wenn sie gepflegt sind, durchaus gebraucht sein.

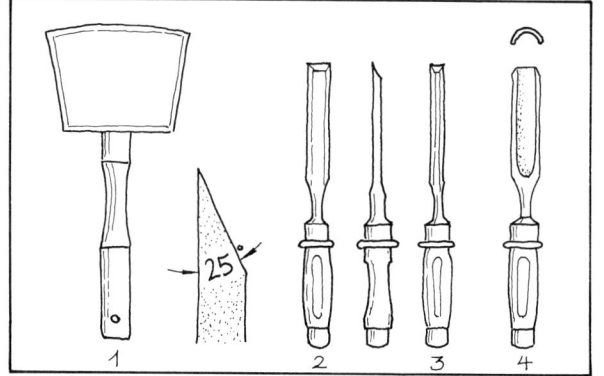

Stemmwerkzeuge
1 Stemmknüppel
2/3 Stecheisen verschiedener Breite; Schneidbreiten: 6, 10, 16, 20 mm
 Schneidewinkel: 25°
4 Hohlbeitel, für runde Vertiefungen

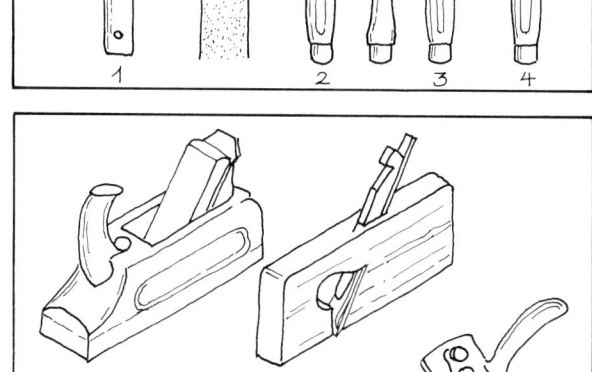

Hobel
1 Doppelhobel, zum Glätten und für Hirnholzkanten
2 Simshobel, zum Abhobeln von Falzen, z.B. an Türen
3 Kantenhobel, für Rundungen und gebogene Kanten

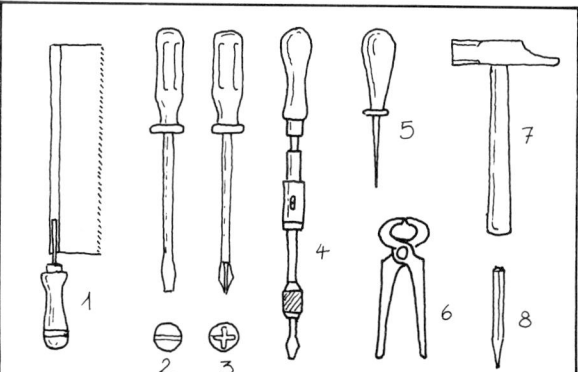

Feilen und **Raspeln**
1 Flachrundfeile
2 Flachfeile
3 Rundfeile
4 Raspel
5 Hobelfräser
6 Schleifpapier, Körnungen:
 grob: 30– 60
 mittel: 80–100
 fein: 120–180
 sehr fein: 220–320

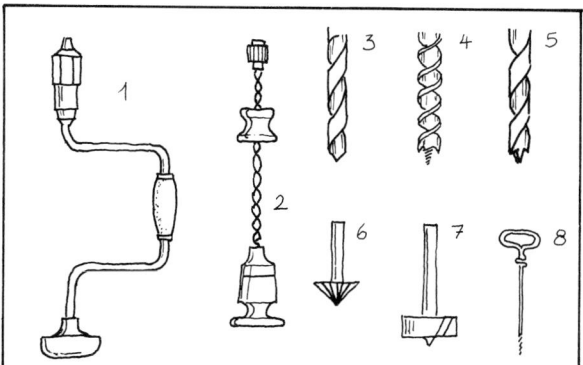

Kleinwerkzeug
1 Feinsäge
2 Schraubendreher mit Schlitz
3 Kreuzschraubendreher
4 Drillschraubendreher
5 Spitzdorn
6 Kneifzange
7 Hammer, 200 gr
8 Senkstift

Bohrer
1 Bohrwinde
2 Drillbohrer
3 Spiralbohrer
4 Schlangenbohrer
5 Zentrierbohrer
6 Krauskopf zum Absenken von Schrauben
7 Forstnerbohrer
8 Nagelbohrer

Maschinen

Maschinenarbeit spart Kraft und Zeit. Das ist zwar für den Freizeithandwerker kein besonders wichtiges Argument, er wird sich dennoch zur Verbesserung und Präzisierung seiner Arbeit Kleinmaschinen anschaffen. Das vielseitigste Grundgerät ist die Bohrmaschine. Möchte man die Bandbreite der Möglichkeiten ausnutzen, sind Mehrgangmaschinen und solche mit gut zu ergänzender Grundausrüstung vorzuziehen.

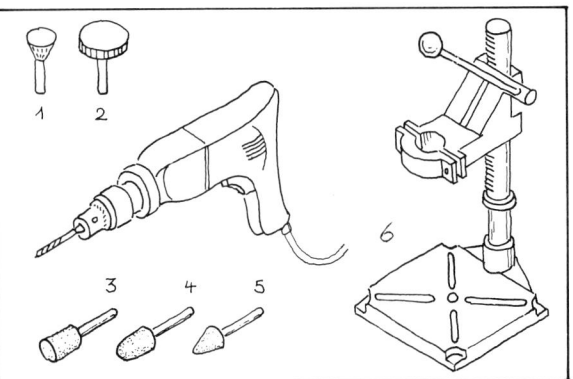

Bohrmaschine, Zubehör
1 Raspel, z.B. für Zinken und Schwalbenschwänze
2 Kombiraspel, z.B. zum Nuten und Fälzen
3–5 Turbofräser als Feilenersatz
6 Bohrständer für Tischmontage, mit Kombifutter für verschiedene Bohrmaschinen

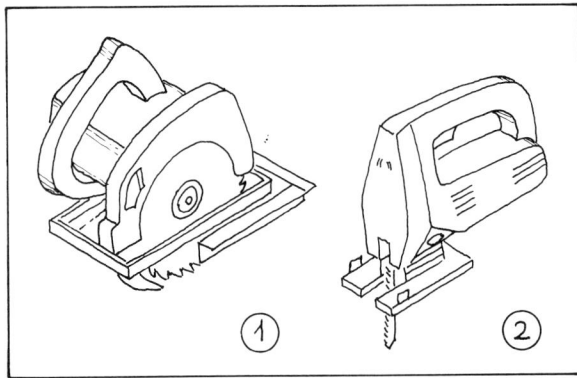

1 **Handkreissäge**
Schnittiefe bis 65 mm, Leistung bis 700 Watt, Blattverstellung auf 45° Schräglage, mit Parallelanschlag.
2 **Stichsäge**
Schlitten für schräge Schnitte schwenkbar, geeignet für runde und kurvige Ausschnitte.

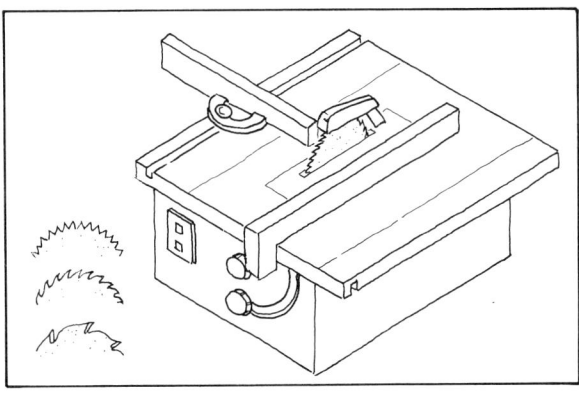

Tischkreissäge, stationärer Betrieb mit Motorkasten und Arbeitsplatte.
Höhenverstellbares Sägeblatt, Parallelanschlag und Winkelanschlag, verstellbar; geeignet für Gehrungsschnitte.
Leistung: ca. 800–1200 Watt

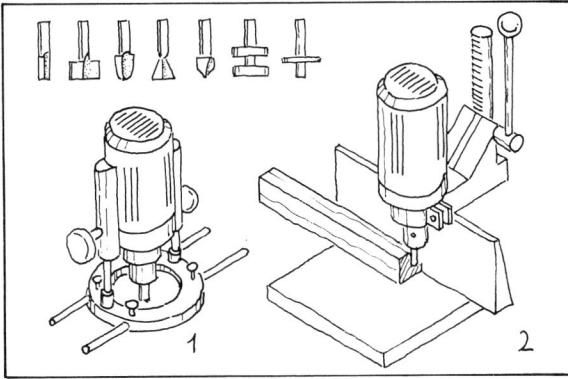

Fräsen
1 Handoberfräse
2 Handoberfräse mit Tischbohrständer oder spezieller Halterung. Als Zubehör werden Fräs- und Falzköpfe angeboten.

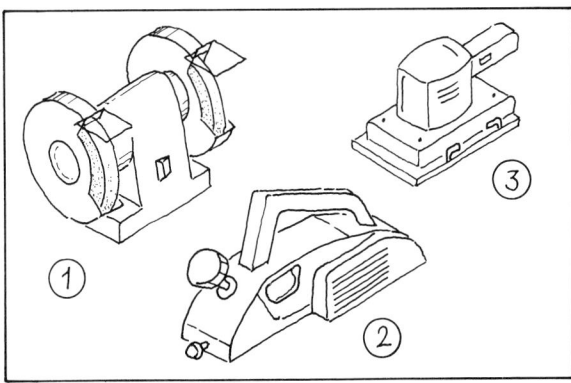

Schleifgeräte
1 Schleifbock mit Doppelscheibe, z.B. zum Schärfen von Stech- und Hobeleisen und Bohrern.
2 Elektrohobel, zum schnellen Abtragen und Glätten von Holzoberflächen.
3 Schwingschleifer, zum Glätten und Schleifen großer, gehobelter Flächen.

Einspann-
vorrichtungen

Klemm- und Einspannvorrichtungen werden sowohl beim Sägen
und Bohren, Hobeln und Schnitzen als auch für Werkstücke gebraucht, die bis zum Austrocknen
von Leim oder Kleber zusammen-
gepreßt werden müssen. Werk-
und Hobelbänke sind sehr
variable Einspannvorrichtungen.
Sie bieten ausreichende Stabilität,
werden großen wie kleinen
Werkstücken gerecht, sind allerdings ortsgebunden.

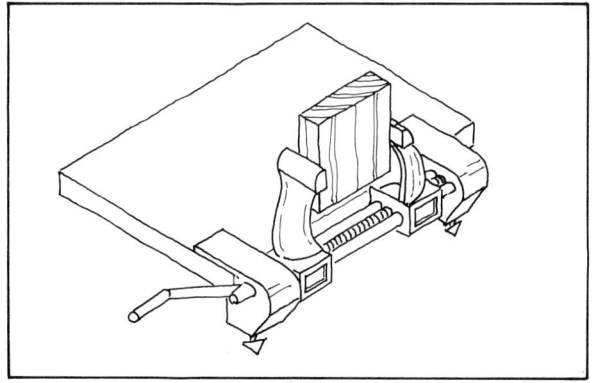

Das **System Zyliss,** – geeignet für
leichte Arbeiten, besteht aus
zwei Klemmspangen für Tischbe-
festigung, Kurbel mit Spindel
und Schraubstockbacken.

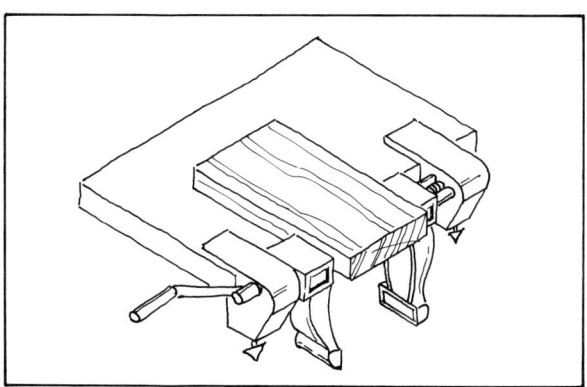

Werden die Schraubstockbacken
nach unten gekippt, dienen
sie als Haltevorrichtung, z.B. für
Hobelarbeiten.

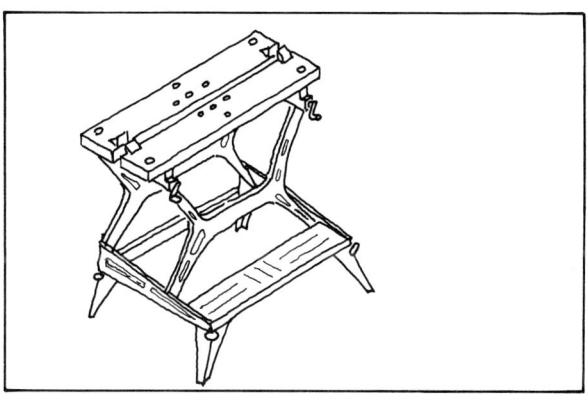

Das **System Workmate** – geeignet für umfangreiche Arbeiten –
ist transportabel und zusammen-
klappbar, für die meisten Tischler-
und Montagearbeiten verwendbar.

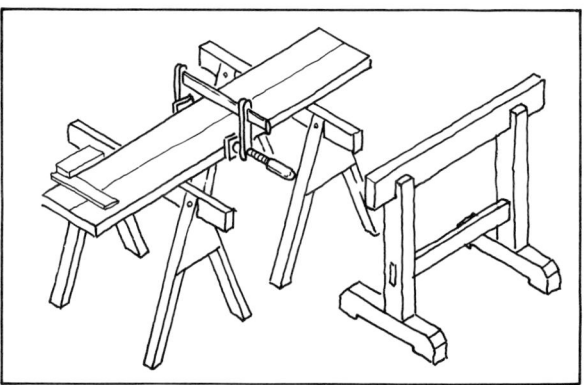

Die **Werkböcke** – gut geeignet
als Arbeitsbühne, Unterlage
großer Platten oder Tischgestell –
sind leicht, z.T. höhenverstellbar,
platzsparend und preiswert.

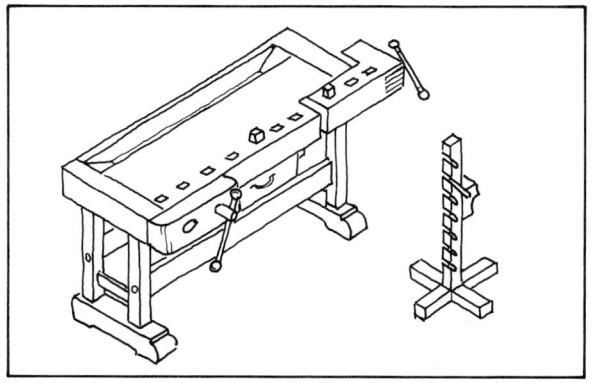

Die **Hobelbank** ist geeignet zum
Ein- und Festspannen von Brettern, Platten, Leisten oder Kanthölzern. Sie ist in der Regel mit
einer Banklade für Kleinwerkzeug ausgestattet.
Der Bankknecht dient zur Unterstützung großer Platten.

Material

Holzeigenschaften

Holz ist für die Herstellung von Möbeln ein bevorzugtes Material. Als organischer Werkstoff hat Holz im Verhältnis zu seinem geringen Gewicht eine hohe Festigkeit und günstige physikalische Eigenschaften. Es ist leicht zu bearbeiten.

Die **Elastizität** des Holzes ist für seine Tragfähigkeit entscheidend. Es ist langfaserig und biegt sich bei Belastung. Für den Bau von Gestellen, z.B. für Sitzmöbel, ist es daher besonders geeignet.

Die **Spaltbarkeit** von Hölzern hängt von deren Feuchtigkeit ab.

● Nadelhölzer haben, im Verhältnis zu ihrer Dichte, eine hohe Festigkeit und arbeiten wenig; die Preise sind niedriger als für Laubhölzer.
● Laubhölzer sind schwerer und lassen sich nicht so leicht bearbeiten wie Nadelhölzer.

Härten der Hölzer:
1 sehr weich: Esche, Linde, Pappel, Weide
2 weich: Birke, Erle, Fichte, Kiefer, Lärche
3 mittelhart: Esche, Platane, Ulme
4 hart: Ahorn, Eiche, Buche, Nuß- und Kirschbaum
5 sehr hart: Steineiche, Weißbuche, Pitch-pine
6 äußerst hart: Buchsbaum, Olive

Elastizität
1 sehr schwach elastisch: Kiefer, Pappel
2 schwach elastisch: Erle, Weißbuche, Lärche, Tanne
3 mittelstark elastisch: Birke, Linde, Ulme, Nußbaum
4 stark elastisch: Rotbuche, Eiche, Fichte, Birnbaum
5 sehr stark elastisch: Esche, Teak, Ebenholz

Spaltbarkeit
1 sehr leicht spaltbar: Fichte, Tanne
2 leicht spaltbar: Kiefer, Lärche, Eiche, Linde, Erle
3 mittelschwer spaltbar: Rotbuche, Nußbaum, Kastanie
4 schwer spaltbar: Esche, Ahorn
5 sehr schwer spaltbar: Weißbuche, Birke, Ulme
6 äußerst schwer spaltbar: Eibe, Platane, Kirschbaum

Weiches Holz läßt sich besser leimen und leichter verarbeiten als hartes. Hartes Holz ist für hohe Beanspruchungen besser geeignet als weiches.

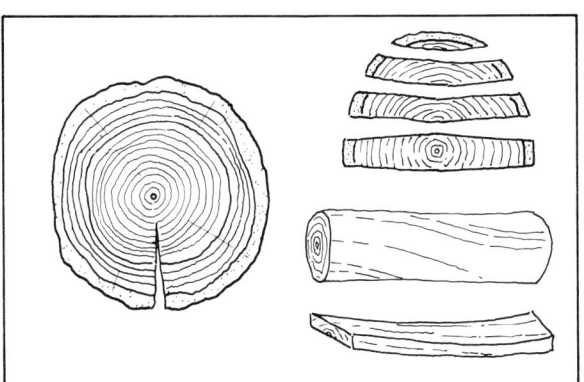

Die **Güte** des im Handel befindlichen Holzes hängt vom Wachstum der Bäume ab. Als natürlicher Baustoff ist es Umwelteinflüssen ausgesetzt, z.B. Sturm, Frost, Hitze und Tierfraß.
Es quillt oder schwindet je nach Temperatur und Luftfeuchtigkeit bzw. verzieht sich z.B. durch Drehwuchs. Das Quellen und Schwinden wird als Arbeiten bezeichnet. Es muß bei der Verarbeitung unbedingt berücksichtigt werden.

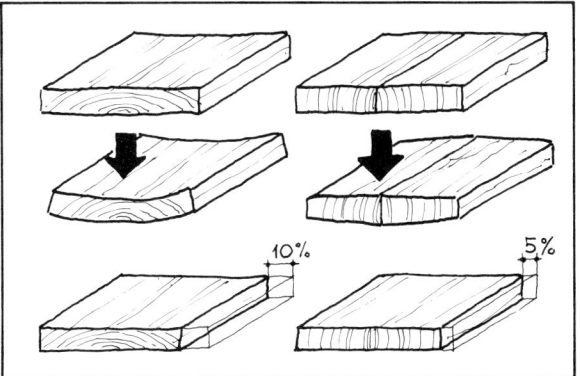

Allgemein gilt: **Schwundmaß** in Richtung Holzfaser = 0,1 %, in Richtung Mark = 5 %, in Richtung Jahresringe = 10 %.

Holzeigenschaften

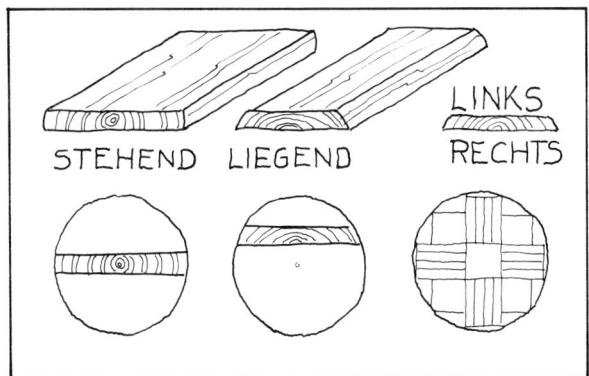

Stehende **Jahresringe** sind bei der Brettauswahl zu bevorzugen. Bretter mit liegenden Jahresringen können sich verwerfen. Man unterscheidet die linke und die rechte Seite eines Brettes. Die linke zeigt nach außen (Richtung Rinde) und wird beim Trocknen hohl, die rechte zeigt nach innen (Richtung Kern) und wird rund.

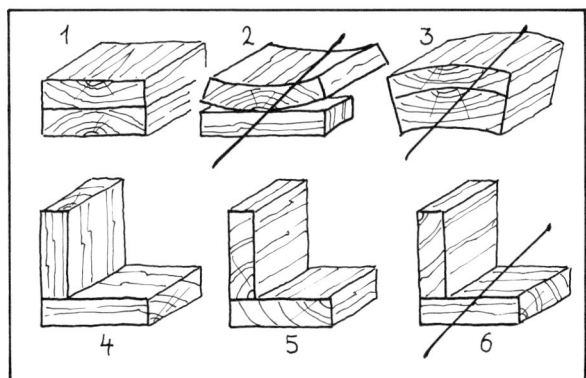

Das **Verleimen** muß werkstoffgerecht ausgeführt werden.
1 richtig:
  Splint an Splint oder
  Kern an Kern
2 falsch:
  Querholz auf Langholz
3 falsch:
  Kern an Splint
4 und 5 richtig:
  Schwundrichtung gleich
  geschaltet
6 falsch:
  Langholz auf Querholz

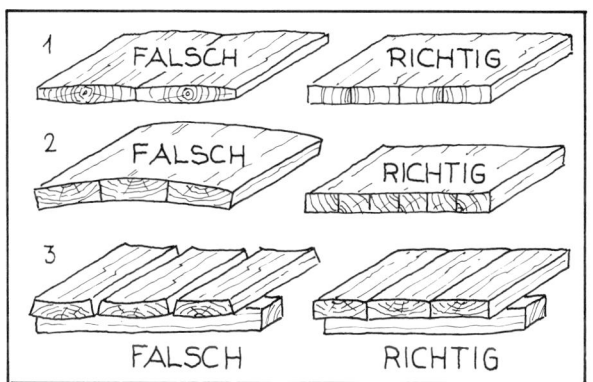

1 Kernstücke sind aus den Brettern herauszuschneiden, um ihnen die Spannung zu nehmen.
2 Bei Seitenbrettern linke und rechte Seite immer im Wechsel zusammenleimen.
3 Bei Brettern auf Konterlattung immer die rechte Seite (rund) nach oben, Fugen bleiben dann geschlossen.

Holzfehler und ihre Ausschaltung

Trockenrisse durch falsches Trocknen:
  kleine Risse verleimen,
  große vorerst aufschneiden.

Äste fest eingewachsen oder
  locker: große ausbohren und
  passendes Holz einleimen.

Drehwuchs: die Bretter daraus
  sind für den
  Tischler unbrauchbar.

Harzgallen:
  auskratzen und verkitten.

Handelsformen von Schnittholz

Die Schnitthandelsformen – Bauholz, Bretter und Leisten –, ob sägerauh, gehobelt oder geschliffen, sind so vielseitig, daß es normalerweise keine Schwierigkeiten machen dürfte, in der Holzhandlung Geeignetes zu finden. Es gibt bei Möbeln eine Vielzahl von Einsatzmöglichkeiten für Massivholz, z.B. bei Sitzmöbeln: Beine und Stollen, Zargen und Stege, Sprossen und Lehnen, bei Möbelkörpern: Rahmen und Sockel, Leisten und Vorleimer, Seiten-, Vorder- und Hinterstücke von Kästen usw.

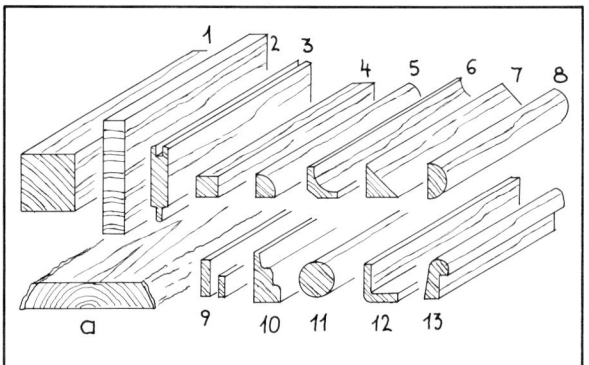

Handelsformen von Schnittholz:
a) Unbesäumte Bohle.
1 Bauholz sägerauh und gehobelt, in verschiedenen Abmessungen
2 Bretter, handelsübliche Breite 100–270 mm, Dicke 12–36 mm.
3 Nut- und Federbretter
4–13 Massivholzleisten, Rahmenhölzer und Spezialprofile.

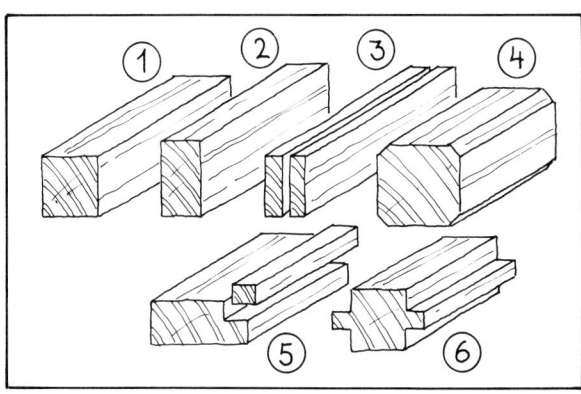

Kanthölzer
1 Kantholz, quadratisch, 6–18 cm Seitenmaß
2 Bohle, d = 4–10 cm
3 Bretter, d = 1–4 cm
4 Profilholz, gefast
5 Rahmenholz, gefälzt, mit Leiste zum Halten einer Füllung
6 Rahmenholz beidseitig gefälzt

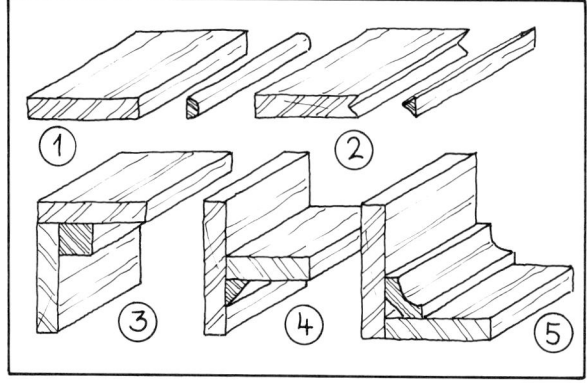

Leisten
1 Halbrundstab
2 Dreieckleiste eingearbeitet
3 Quadratleiste als Verbindung
4 Dreikantleiste als Bodenträger
5 Hohlkehlleiste als Staubschutz oder Fugenschließung

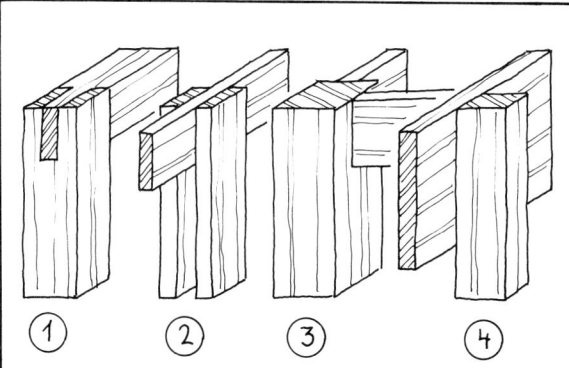

Verwendung von Kanthölzern:
1 mit Schlitz und Zapfen
2 als Zangenverband
3 als gestemmte Zargenecke
4 genagelte Verbindung Brett und Kantel

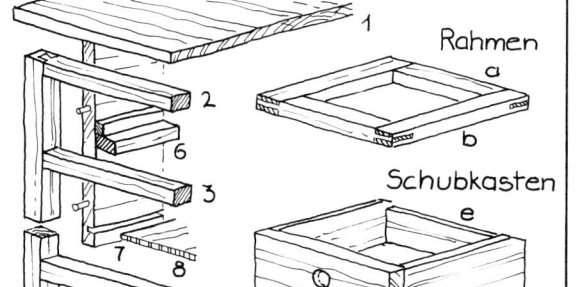

Der Korpusbau mit Stollen
1 Deckplatte
2/3 Traversen
4 Sockelrahmen
5 Stollen
6 Lauf- und Streichleisten
7 Seitenwand
8 Boden
● Rahmenteile
  a) Querstück
  b) Längsstück
● Schubkastenteile
  c) Vorderstück
  d) Seitenstück
  e) Hinterstück

Holzwerkstoffe

Da Massivholzbretter zum Schwinden, Verwerfen oder Reißen neigen, werden bevorzugt sogenannte Holzwerkstoffplatten verwendet, die über mehrere Quadratmeter Fläche in einem Stück langzeitige Formstabilität garantieren. Man unterscheidet Tischler-, Span- und Sperrholzplatten, wobei die Spanplatten am meisten verwendet werden. Sie sind preiswert und reichen für die gängigen Möbeltypen aus, jedoch sind sie auch sehr schwer und feuchtigkeitsempfindlich. Tischlerplatten sind wesentlich leichter, in sich stabiler (hohe Ausrißfestigkeit bei Schrauben), allerdings auch teurer. Runde Teile lassen sich aus mehreren schichtverleimten dünnen Sperrholzscheiben herstellen.

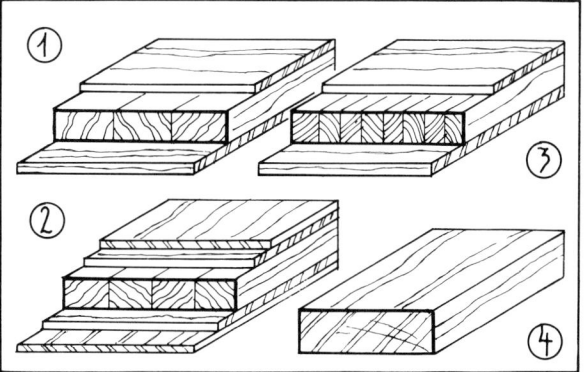

Tischlerplatten bestehen aus zwei Furnierdeckschichten und einem Kern aus verleimten Massivholzstäben.
1 Tischlerplatte dreilagig
2 Tischlerplatte fünflagig
3 Stäbchenplatte
4 Massivholz, zum Vergleich
   Stärken: 16, 19, 22 mm

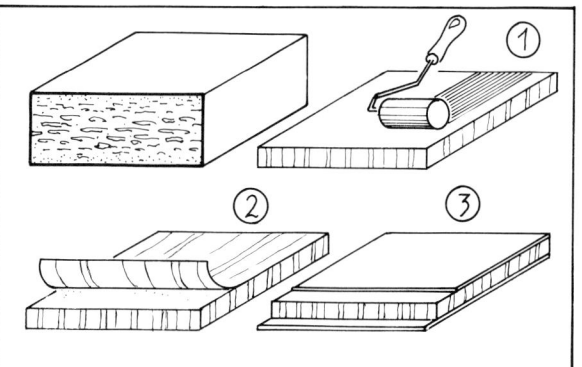

Spanplatten bestehen aus gepreßten und verleimten Spänen.
Ihre glatte Oberfläche eignet sich gut zum
1 Lackieren,
2 Furnieren (immer beidseitig),
3 Beschichten (Folie, KS-Tafel).
Stärken: 10, 13, 16, 19, 22, 34 mm

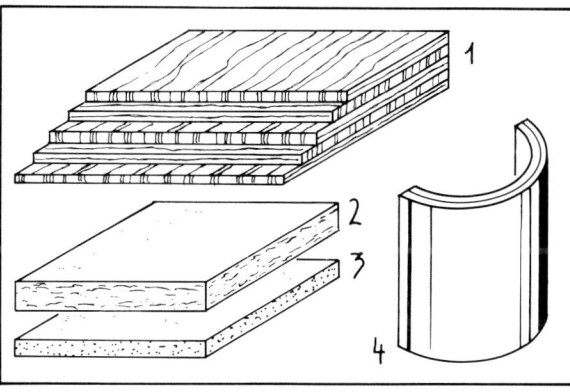

Sperrholzplatten
1 fünflagig, kreuzweise verleimte Furnierschichten
   Stärken: 4 bis 12 mm

Hartfaserplatten
2 weich
   Stärken: 6 bis 12 mm
   für Schall- und Wärmedämmung
3 hart
   Stärken: 1,6 bis 8 mm
   für Rückwände und
   Schubkastenböden
4 gebogen, zweifach verleimt

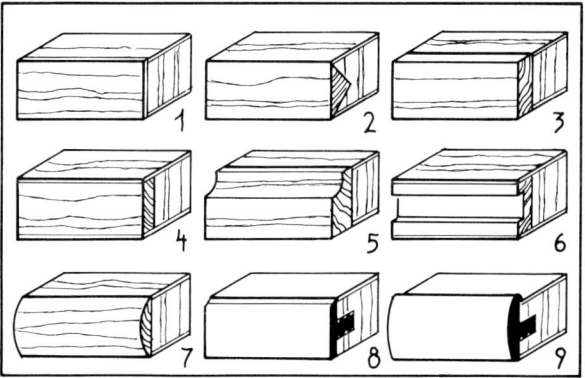

Vorleimer schützen Kanten
1   Furnierkante
2/4 Massivholz
5   mit Hohlkehle
6   mit Nut
7   verrundet
8/9 Kunststoffpreßprofile

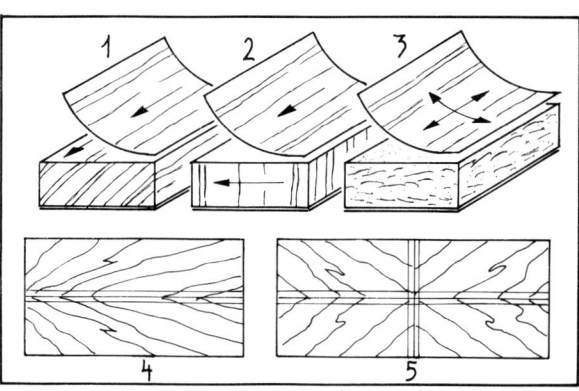

Furniere bestehen aus dünnen, geschnittenen oder geschälten Holzschichten, ca. 0,8 mm, die auf Trägerschichten, z.B. Spanplatten, vollflächig aufgeleimt werden.
1 auf Massivholz, Faserrichtung
   parallel
2 auf Tischlerplatte,
   Faserrichtung quer
3 auf Spanplatte,
   Faserrichtung beliebig
4 Spiegelfurnier
5 Kreuzfurnier

Holz-verbindungen

Flächen- und Eckverbindungen

Die Wahl der Holzverbindungen wird durch technische und wirtschaftliche Überlegungen beeinflußt.

- Das natürliche Wachstum des Holzes ist bei ihrem Einsatz unbedingt zu beachten.
- Breitenverbindungen dienen zur Herstellung von Flächen (z.B. Böden und Füllungen).
- Eckverbindungen schließen Körper zusammen, z.B. Böden und Seiten von Regalen und Schränken.

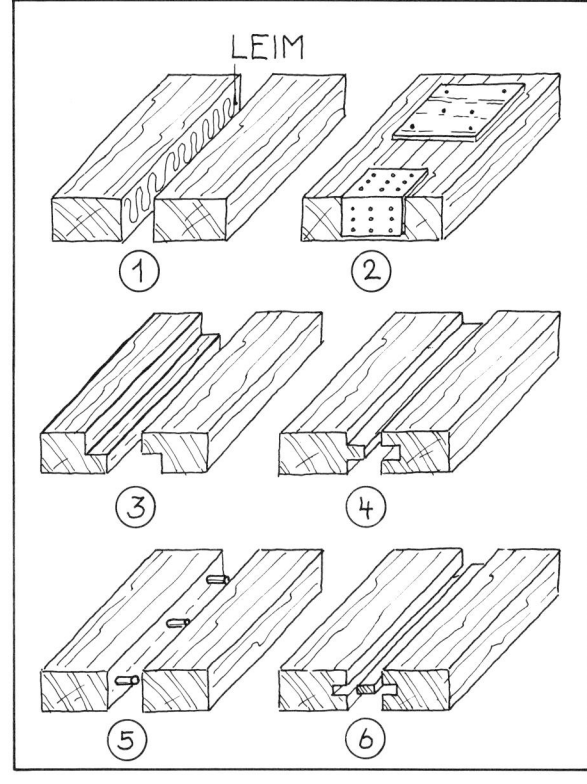

LEIM

Flächenverbindungen
1 stumpf verleimt
2 mit Winkel- oder Flachblechen
3 überfälzt, hoher Leimflächenanteil
4 genutet, mit Feder, z.B. Fußbodendielen
5 gedübelt, für stark beanspruchte Platten
6 genutet, mit Fremdfeder, z.B. Parkett.

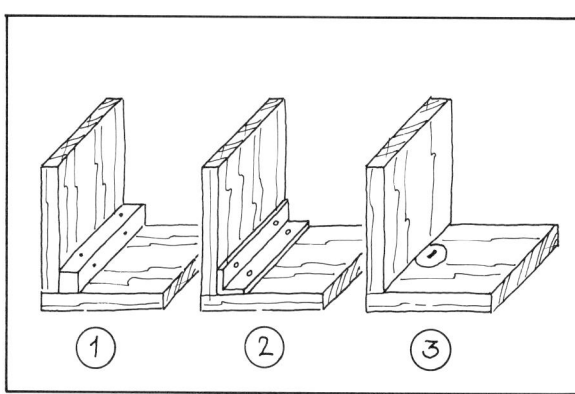

Einfache Eckverbindungen
1 über Massivholzleiste, genagelt, besser geschraubt
2 mit L-Metallschiene
3 mit lösbarem Metallbeschlag, verdeckt

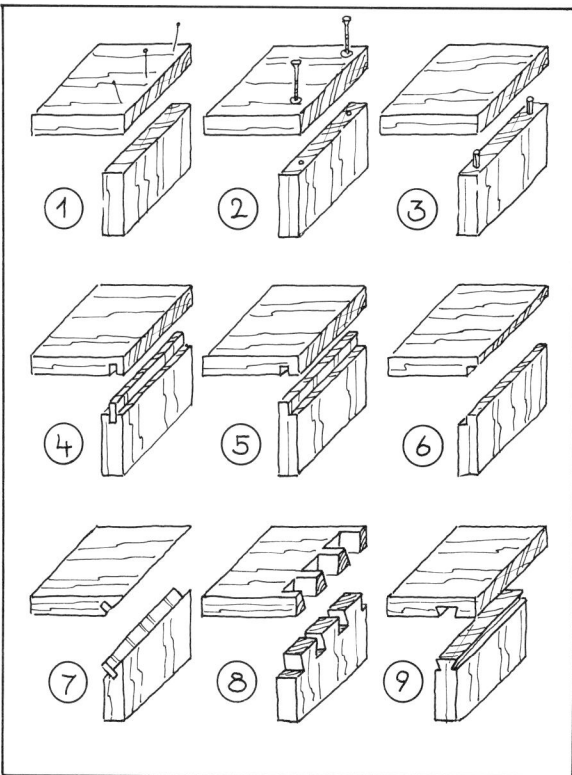

Klassische Eckverbindungen
1 schräg genagelt
2 geschraubt
3 gedübelt
4 genutet, mit Querholzfeder
5 mit angestoßener Feder
6 gefälzt
7 auf Gehrung, mit Feder
8 gezinkt, nur bei Massivholz
9 gegratet, nur bei Massivholz

Rahmen und Gestelle

Rahmenverbindungen können durch Holzverbände wie durch Metallverbinder verdeckt oder sichtbar hergestellt werden. Langholzverbindungen sind durch Überblatten, Schlitzen und Keilzinken möglich. Ebenso gut lassen sich Metallverbinder dafür verwenden. Langholzverbindungen sollten jedoch nur dort eingesetzt werden, wo eine Konstruktion mit durchlaufendem Holz nicht in Frage kommt, z.B. bei geschweiften Rahmen, die zu kurzes Holz hätten. Stollenkonstruktionen bilden starke Eckverbände. Rahmen und Füllungen lassen sich sehr unterschiedlich ausführen.

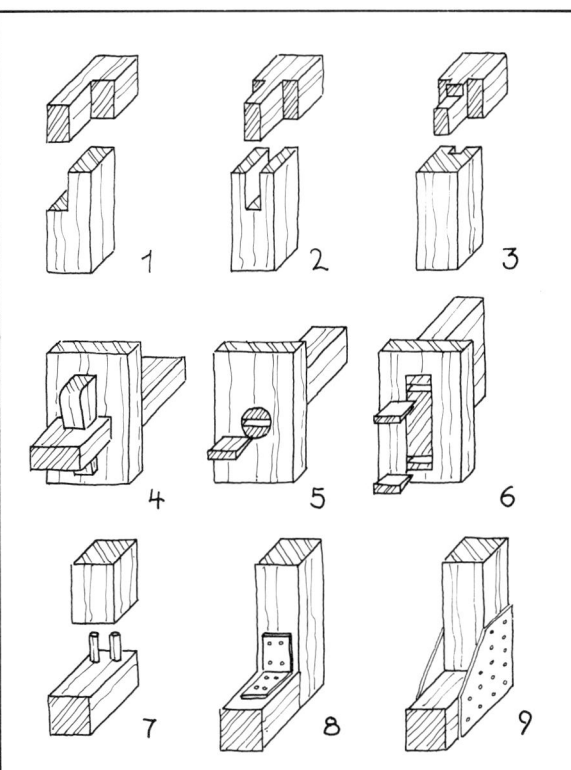

Steg- und Rahmenverbindungen
1 überblattet
2 geschlitzt, mit Zapfen
3 gestemmt, mit abgesetztem Zapfen

Stegverbindungen
4 gezapft, mit lösbarem Keil
5 Rundzapfen, mit Holzeinschlagkeil
6 Zarge, durchgehend eingezapft und verkeilt

Rahmenverbindungen
7 gedübelt
8 mit Metallwinkel
9 mit Blechen

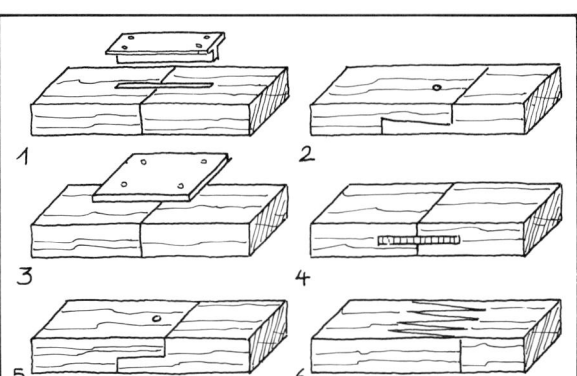

Langholzverbindungen
1 geschlitzt und mit Metall-T-Profil verbunden
2 Hakenblatt
3 aufgeschraubte Sperrholz-Platte
4 eingesetzte Federplatte
5 Überblattung
6 Keilzinken

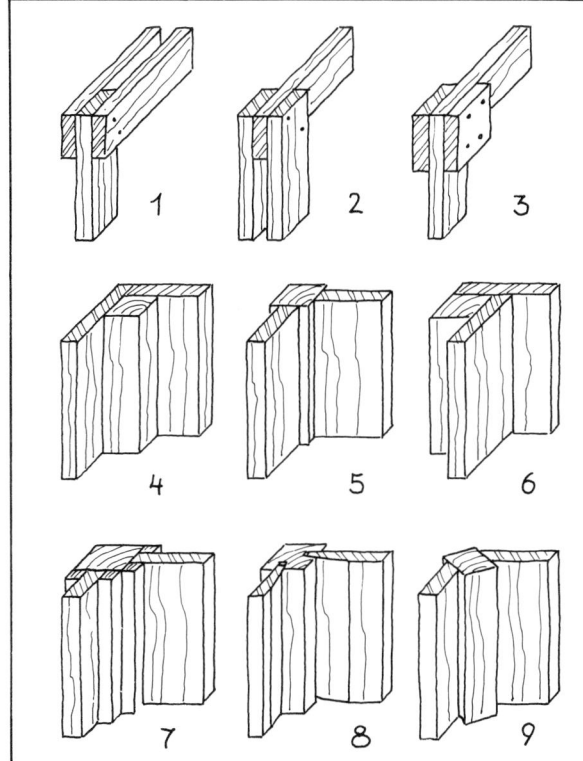

Einfache Zargenkonstruktionen
1–3 Bretter, genagelt

Stollen-Wand-Konstruktionen
4 Stollen, innenliegend, verdeckt
5 Stollen an der Ecke sichtbar
6 Stollen bei Mittelwand, z.B. Schrank

Rahmen und Füllungen
7 Füllungen mit Leisten gehalten
8 Füllungen in Rahmen eingenutet
9 Rahmen diagonal gestellt, Verbindung der Füllung mit Dübeln.

Leimen und Kleben

Leime und Kleber

Leime und Kleber, als Verbindungsmittel von Hölzern und Holzwerkstoffen miteinander, gibt es für unterschiedliche Zwecke:
● Weißleime z.B. für stumpfe Fugen
● Kontaktkleber für das Aufbringen von Furnieren.

1 Weißleime gibt es gebrauchsfertig in Dosen.
2 Alleskleber sind farblos und schaffen wasserfeste, elastische Verbindungen.
3 Kontaktkleber in Tuben.
4 Zweikomponentenkleber, bestehend aus Härter und Klebharz, ist geeignet für Klebestellen mit sehr hoher Verbindungskraft.

● Kleine Leimflächen sind mit Borstenpinseln einzustreichen
● große Flächen mit Kammspachteln, möglichst nicht aus Metall.

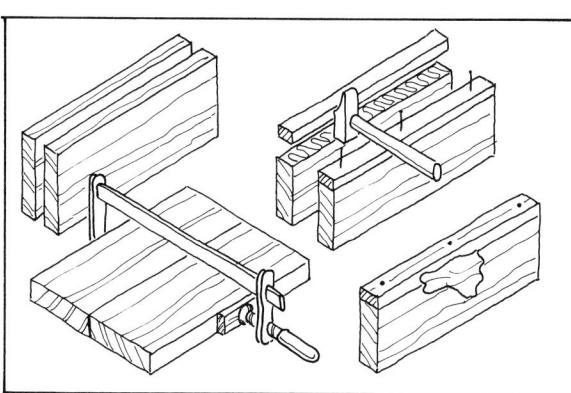

Zu verleimende Teile mit Schraubzwingen und Beilagen ausreichend lange fest einspannen (1–3 Stunden, siehe Verarbeitungshinweise der Hersteller). Austretender Leim wird mit feuchtem Tuch abgewischt.

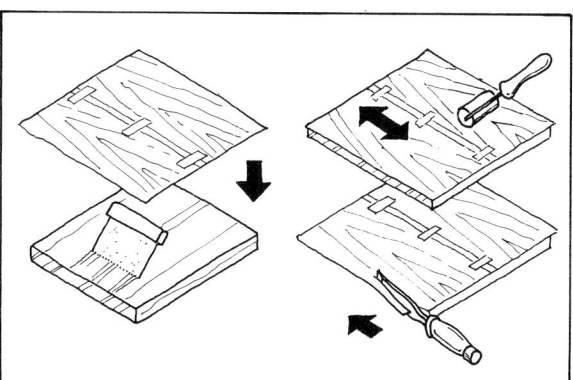

Furniere sind immer vollflächig zu verkleben und mit Gummiwalzen anzudrücken.
Nach dem Trocknen kann der Furnierüberstand mit einem Stecheisen entfernt werden.

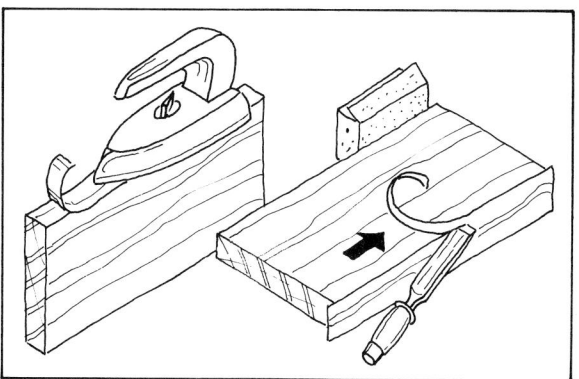

Kantenumleimer sind mit Schmelzkleber benetzt und werden aufgebügelt (Bügeleisen auf Baumwolle einstellen). Der Kantenüberstand wird mit Stecheisen oder einem speziellen Kantenschneider entfernt, die Kante nachträglich verschliffen.

Verleimung

Das Zusammenpassen der Leimkante nennt man „Fugen".
Die Bretter werden so zusammengelegt, wie sie später verleimt werden sollen. Hierzu ist eine genaue Kenntnis der Eigenschaften des Holzes (Quellen und Schwinden) erforderlich.
Für große Massivholztafeln sollten möglichst schmale Bretter mit stehenden Jahresringen verwendet werden, um ein Verwerfen der Fläche zu vermeiden.

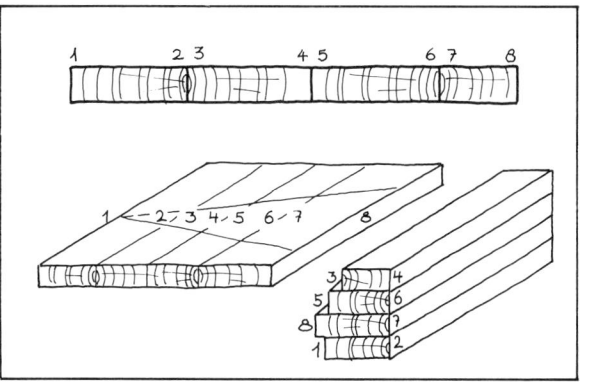

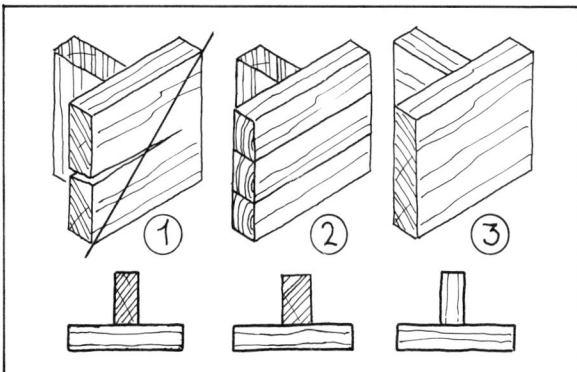

Das Verleimen von Flächen aus Brettern:
● Kern an Kern, Splint an Splint zusammenlegen
● Kennzeichnen der Brettlagen durch ein Dreieck.
● Stapeln der Bretter übereinander, zur gemeinsamen Leimangabe
● Zusammenlegen und pressen.

Eckverbindungen

1 falsch, Lang- an Querholz; Rißbildung
2 ungünstig; mehrere schmale Bretter mit rechter Seite nach außen
3 richtig, Quer- an Querholz; das Holz arbeitet in derselben Richtung.

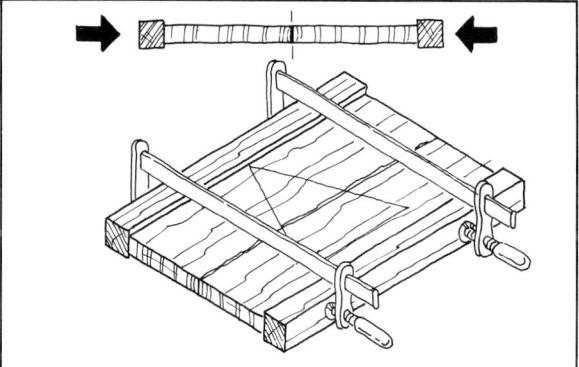

Beilagen vermeiden Kantenverletzungen beim Pressen. Bei Spanplatten besser auf beiden Seiten Leim angeben.

Der Preßdruck muß gleichmäßig gut verteilt sein, dazu sind große Beilagen zu verwenden und genügend viele Schraubzwingen anzusetzen.

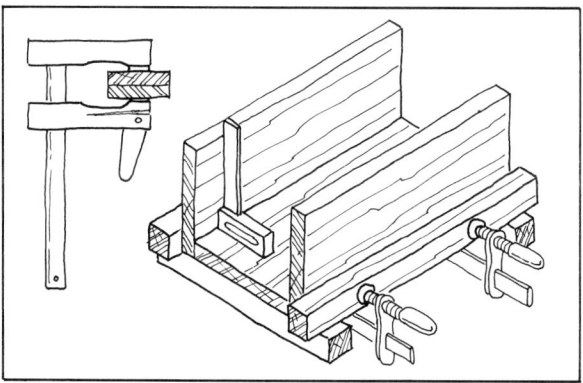

Beim Aufeinanderleimen von Flachleisten genügen oft Holzzwingen mit Schnellspannhebel.

Beim Zusammenleimen von Körpern immer mit dem Winkelmesser den rechten Winkel überprüfen, ggf. Zwingenlage nachkorrigieren.

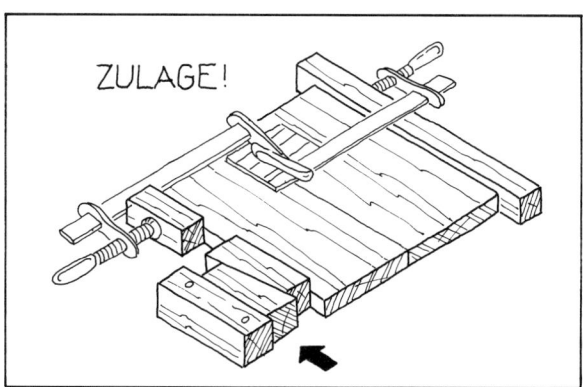

ZULAGE!

Kurze Zwingen kann man zusammensetzen. Keile dienen auch der Verpressung zwischen festgeschraubten Beilagen.

Überblatten

Die Überblattung ist eine Verbindung für nicht hochbeanspruchte Rahmen, im Gegensatz zum Schlitzen dafür aber besonders leicht herstellbar.

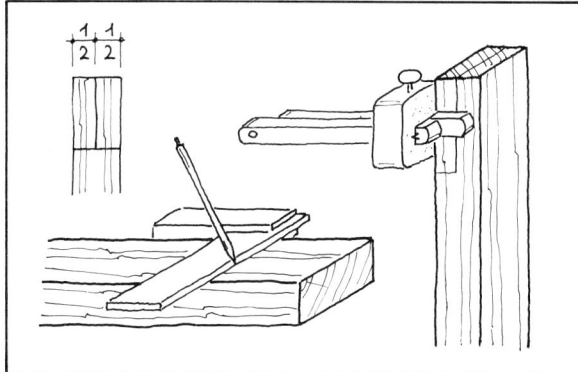

Das **Anreißen** erfolgt mit dem Winkel und Streichmaß.
Die Breite der Ausklinkung ergibt sich durch die Breite des Gegenstückes, ebenso die Stärke.
Bei diesen Verbindungen sollten möglichst gleiche Rahmenhölzer verwendet werden.

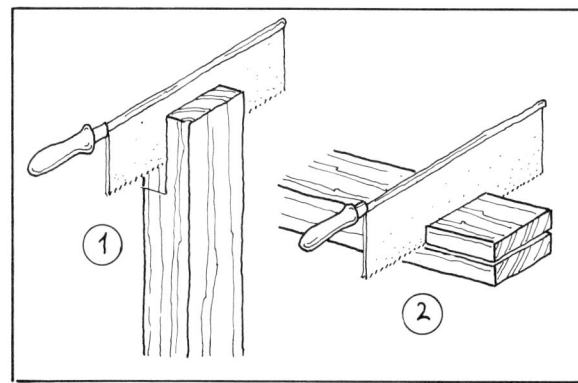

Das **Schneiden** und Absetzen geschieht mit der Feinsäge;
1 Blatt hirnholzseitig anschneiden, einsägen.
2 Das Schlitzbrettchen rechtwinklig absetzen, abtrennen.
Der Bleistiftstrich muß anschließend noch leicht sichtbar bleiben!

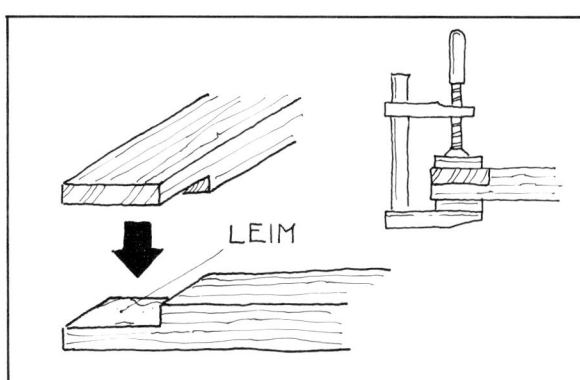

Vor dem **Leimen** die Teile zur Probe zusammenfügen, ggf. nacharbeiten, z.B. mit dem Stecheisen.
Leim auf Fläche und Brüstung (Hirnholz) angeben, festzwingen mit Beilagen, Winkel korrigieren.

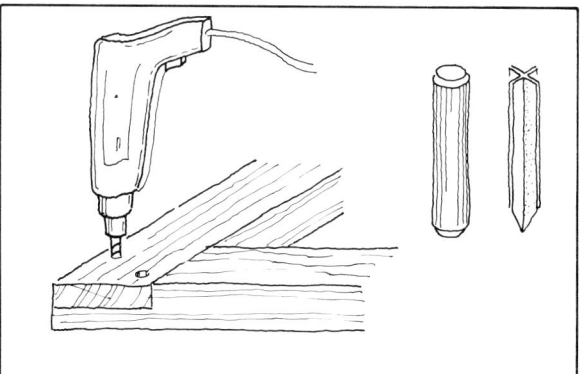

Zum **Verstärken** werden Holzdübel oder Sternnägel verwendet. Sie geben der Verbindung besseren Halt. Dübelüberstände lassen sich mit dem Hobel glätten. Sternnägel werden versenkt.

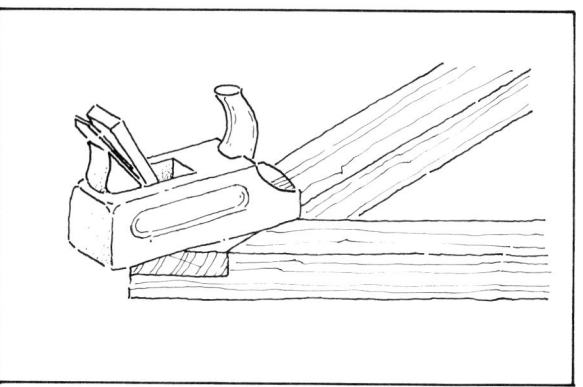

Mit dem **Hobel** werden die Ecken plan verputzt (gehobelt), anschließend mit Schleifpapier (Körnung 100) übergeschliffen, ebenso alle Kanten.

Ausklinken

Eck- und Kreuzverbindungen sowohl von Leisten und Brettern als auch von Pfosten können durch Ausklinken verbunden werden. Die Rahmenstücke werden dabei einmal von vorne und ein andermal von hinten bis zur Hälfte ausgeklinkt, wobei darauf zu achten ist, daß aufrechte Rahmen in der Vorderansicht immer durchgehen.

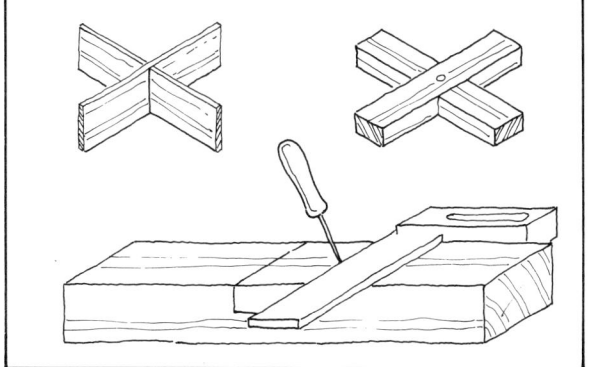

Das **Anreißen** erfolgt mit dem Winkel oder Spitzdorn und Bleistift.
Bei beiden Rahmenhölzern wird jeweils die halbe Holzstärke abgetragen.

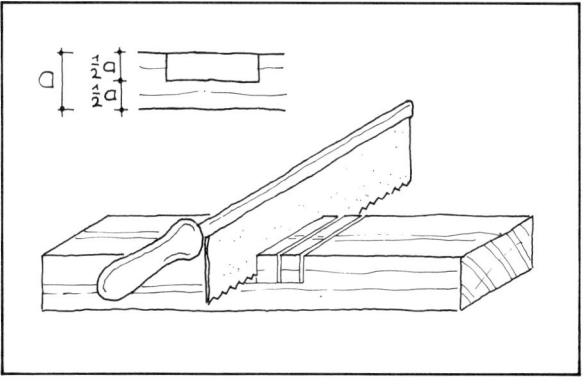

Die **Ausklinkbreite** ist links und rechts mit der Feinsäge vorzuschneiden. Die Anrißlinie muß sichtbar bleiben. In der Mitte sind ebenfalls Hilfsschnitte einzusägen.

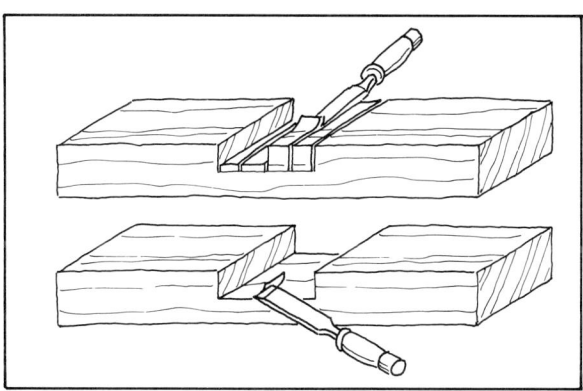

Beim **Ausstechen** der Streifen von beiden Seiten zur Mitte hin arbeiten. Den Grund der Kreuzverbindung vorsichtig ebnen; darauf achten, daß keine Wölbung entsteht.

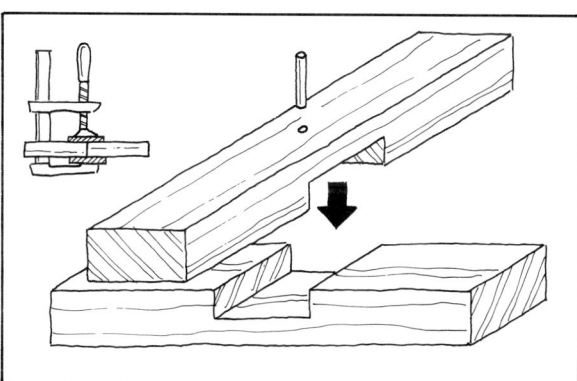

Das **Leimen** erfolgt nach dem probeweisen Zusammenstecken der Teile. Die Passung ist richtig, wenn beide Teile auch ohne Leim halten.
Leim gleichmäßig verteilen, besonders an den Brüstungen (Hirnholz).

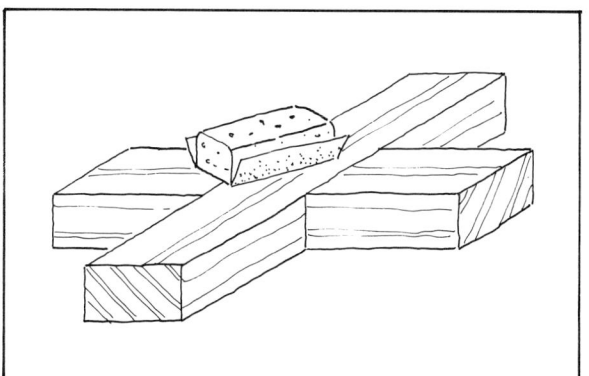

Das **Verputzen** muß bei Überständen mit dem Hobel vorgenommen werden, sonst reicht das Schleifen mit Sandpapier.

Gezapfte Verbindungen

Schlitzen

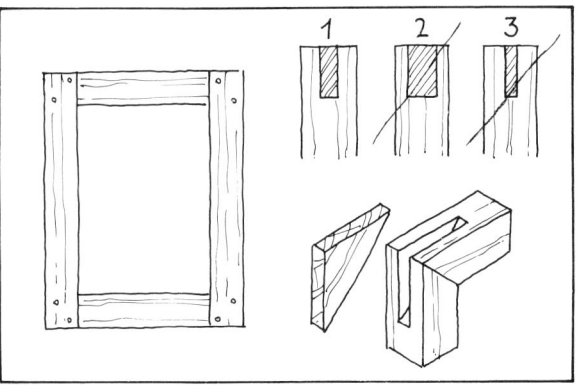

Die **Zapfenstärke** sollte etwa 1/3 der Holzstärke betragen (1). Der Zapfen bei 2 ist zu dick, der bei 3 zu dünn. Rechts unten: Beispiel für Eckverbindung auf Gehrung mit eingesetzter Dreieckfeder.

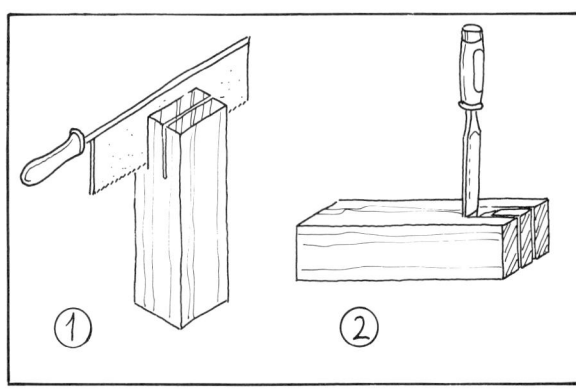

Das **Zapfenschneiden**
1 Nach dem Anreißen der Schlitzbreite und -tiefe mit der Feinsäge innen am Anrißstrich vorschneiden.
2 Schlitz anschließend mit dem Stecheisen innen nur bis zur halben Tiefe ausstechen, Werkstück wenden und den gleichen Vorgang von der anderen Seite wiederholen.

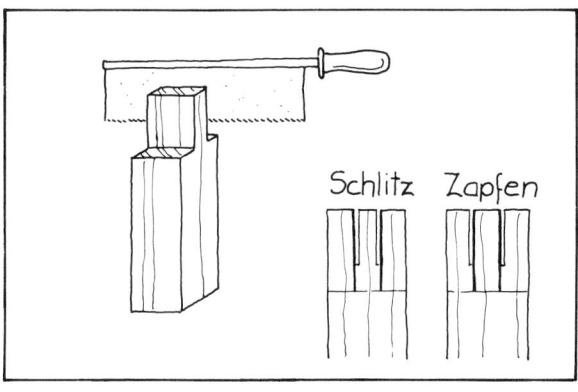

Beim **Absetzen** der Zapfen wird die Säge außen am Riss geführt. Siehe Schlitz und Zapfen zum Vergleich.

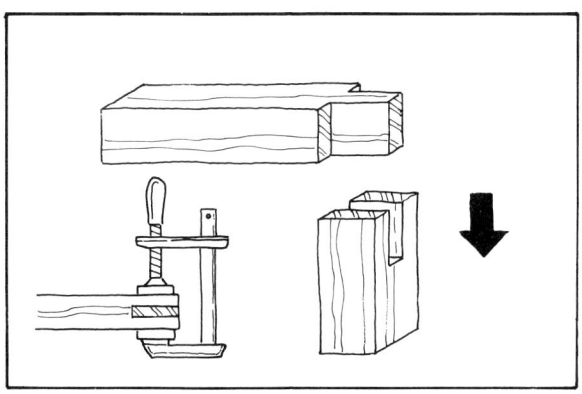

Vor dem **Verleimen** der Schlitzung die Teile erst probeweise zusammenstecken, ggf. nacharbeiten, dann leimen und festzwingen.
Bei geschlossenen Rahmen wird die Winkligkeit aller 4 Ecken durch diagonales Einlegen einer Leiste geprüft. Die Entfernungen der gegenüberliegenden Rahmenenden müssen gleich sein.

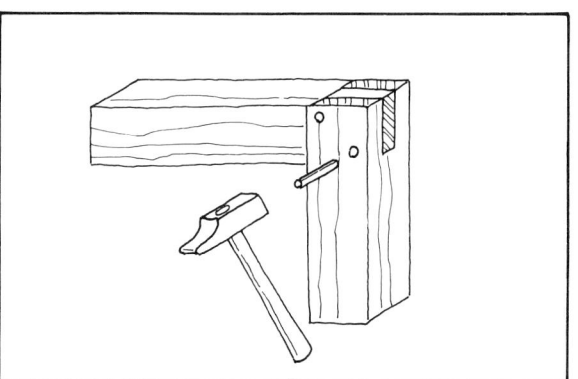

Zum **Verstärken** der Verbindung können nach dem Trocknen des Leims die Verbindungen mit Holzdübel verstärkt werden. Die beste Aussteifung erfolgt mit 2 Dübeln diagonal gesteckt. Anschließend mit dem Hobel und dann mit Schleifpapier die Oberfläche glätten.

Stemmen

Bei Massivholzkonstruktionen wie Stühlen, Rahmen, Leitersprossen ist die Sorgfalt in der Ausführung entscheidend für die Haltbarkeit. Gestemmte Rahmenverbindungen bestehen aus dem Zapfen und dem Zapfenloch. Der eingestemmte Zapfen ist eine unsichtbare Verbindungsart (z.B. für Tische). Durchgesteckte Zapfen können von außen zusätzlich verkeilt werden und sind damit dauerhaft fest und stabil.

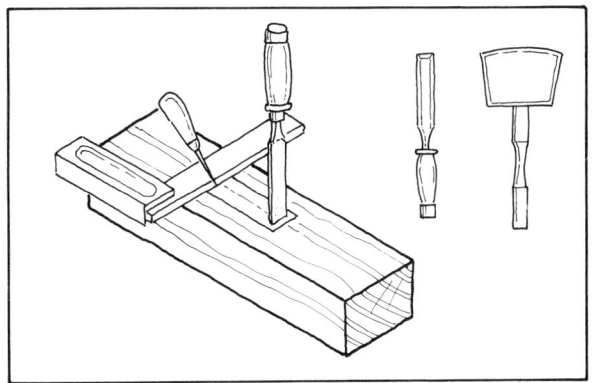

Anreißen

Die Schlitzbreite sollte 1/3 der Rahmenholzbreite betragen. Angerissen wird mit Winkel und Spitzdorn.

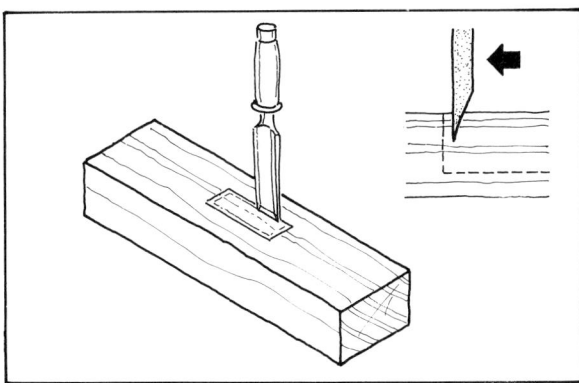

Ausstemmen

Am Anriß wird das Stecheisen mit der Schneide senkrecht und parallel zur Markierungslinie gehalten und vorgestochen.

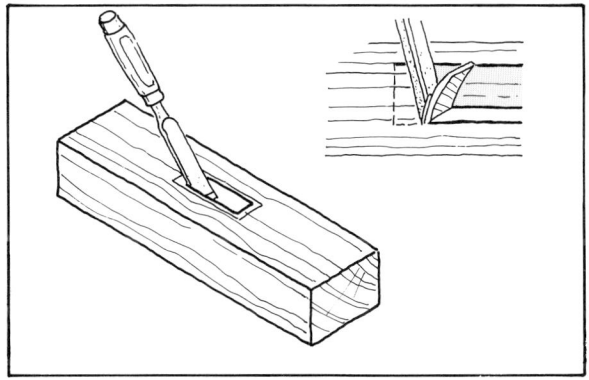

Die **Lochtiefe** ist zuerst zu stemmen, dünne Späne werden bis an die Seitenrisse senkrecht abgetrennt.
Nicht schräg nach unten und außen stemmen! Die Spiegelseite des Eisens muß immer den Seitenrissen zugewandt sein.

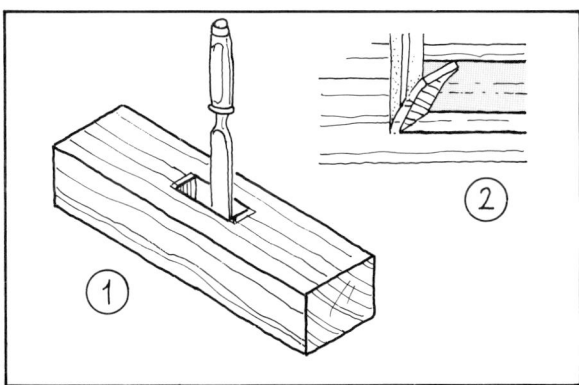

Das **Zapfenloch** wird nach dem groben Ausstemmen sauber nachgestochen. Der Zapfen wird wie vorher beschrieben angefertigt.

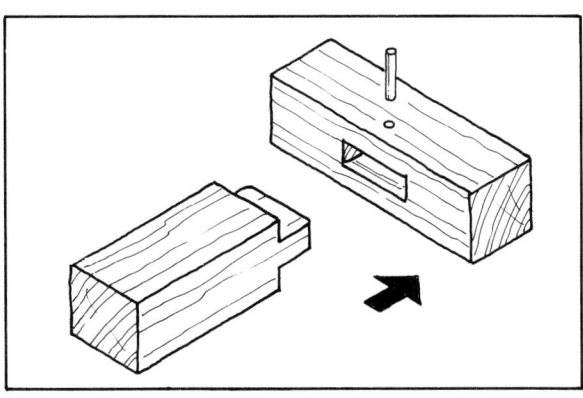

Verdübeln

Der Zapfen muß in dem Schlitz leicht klemmen, preßpassen. Dann leimen. Zum Schluß mit Dübel oder Sternnägeln die Zapfenverbindung sichern.

Fälzen

Die Falzausbildungen erfolgen durch das abgesetzte Aufdicken von Leisten oder durch das Aushobeln oder Herausschneiden von Brettkanten längs oder quer zur Faser.

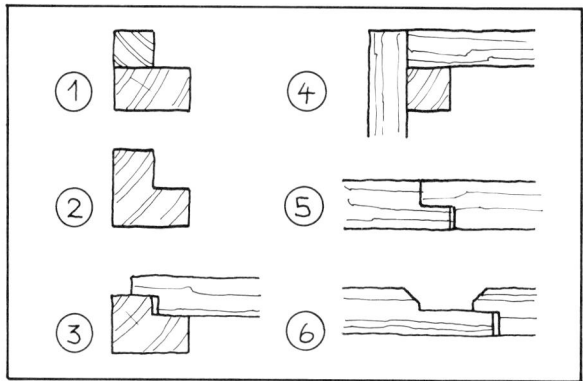

Fälze
1 zwei aufeinander geleimte Leisten
2 Rahmen, ausgefälzt
3 Rahmenecke, überfälzt
4 Falz mit Leiste, z.B. bei Schrankrückwand
5 Fuge, überfälzt
6 Profilbretter, überfälzt

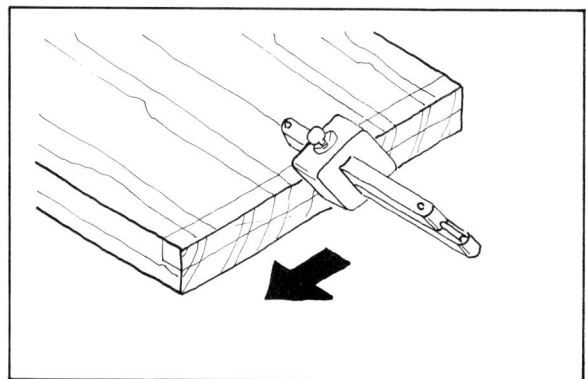

Beim **Anreißen** werden mit dem Streichmaß Breite und Tiefe des Falzes auf ein Holzbrett übertragen. Die ausgeschnittene Feder sollte höchstens die Hälfte der Brettstärke betragen.

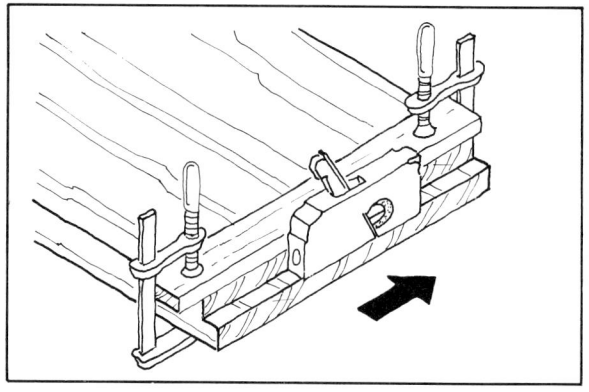

Eine **Leiste** dient als Führung für einen Simshobel. Beim Hobeln wird immer von den Außenkanten nach innen gearbeitet, um ein Ausreißen an den Ecken zu vermeiden.

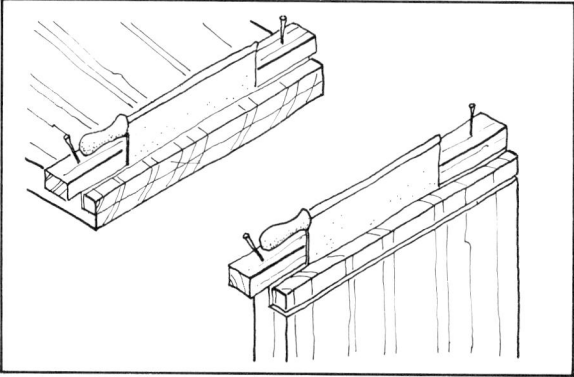

Auch beim Fälzen mit der **Feinsäge** dient eine Leiste, in diesem Fall fest verstiftet, als Führung für die Feinsäge.
Das Sägeblatt über die gesamte Länge waagerecht halten und nicht seitlich verkanten.

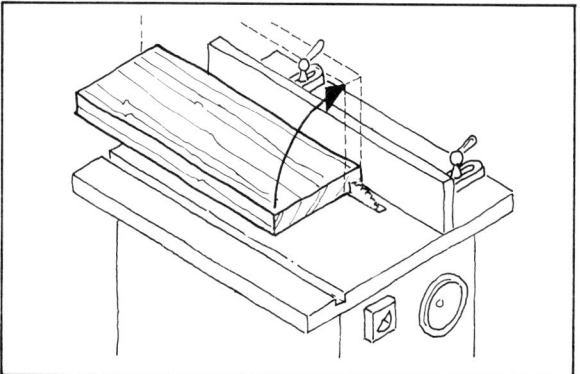

Das Fälzen mit der **Kreissäge** ist die schnellste und sauberste Methode. Dabei wird das Brett waagerecht und dann senkrecht über das Sägeblatt geführt.
Je nach ausgefahrener Blatthöhe kann man die Falzgröße bestimmen.

Nuten

Die Feder kann durchgehen oder stückweise eingenutet werden, wenn sie in der Ansichtskante unsichtbar sein soll. Sie ist angestoßen oder wird als Fremdholz eingeführt. Als Material für Federn ist Sperrholz am besten geeignet.

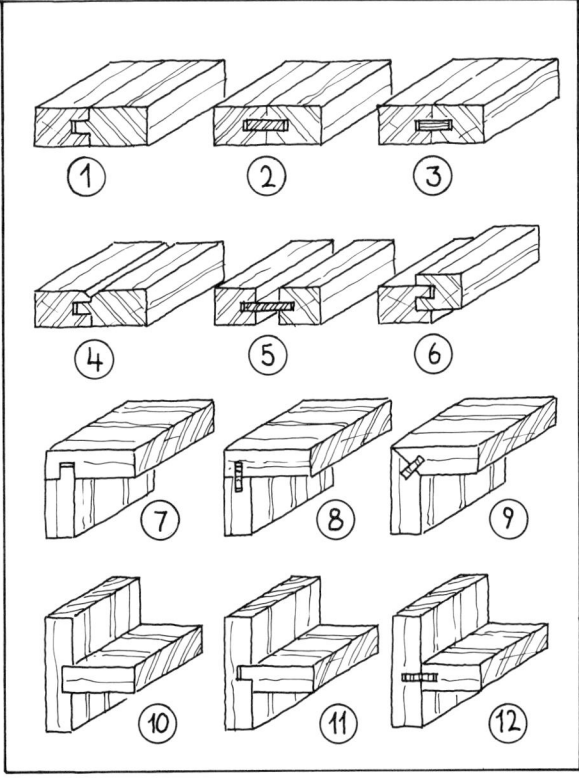

Genutete **Flächenverbindungen**
1 Spundung, bei Fußböden, Brettertüren, Verschalungen
2 mit eingeschobener Fremdfeder (Langholz)
3 mit eingelegter Querholzfeder, für senkrechte Druckbeanspruchung
4 Spundung mit Fase
5 Fuge mit breiter Feder
6 Bretter, überschoben, bei Türen, Deckenverschalungen

Genutete **Eckverbindungen**
7 Feder, angestoßen
8 mit Fremdfeder, (Querholz)
9 Feder auf Gehrung
10 Nut für volle Brettstärke
11 Nut für einseitige Feder
12 mit Fremdfeder, eingenutet (Querholz)

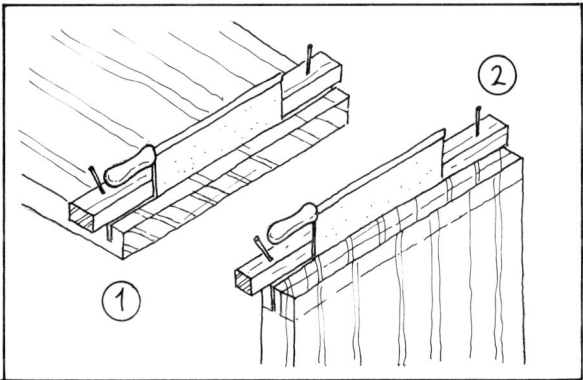

Das einfache Nuten wird mit der **Feinsäge** und dem Stecheisen an einer Leiste vorgenommen. Für Fremdfedern werden feine Sperrholzstreifen verwendet.

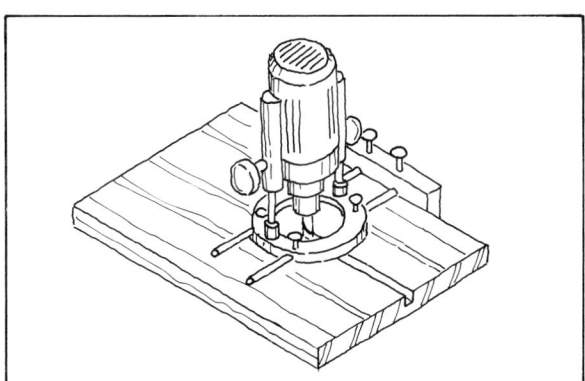

Mit der **Oberfräse** lassen sich Nuten weitaus besser und schneller herstellen. Es empfiehlt sich, auf einer Probeplatte Falztiefe und Falzbreite sowie Parallelanschlag vorher auszuprobieren.

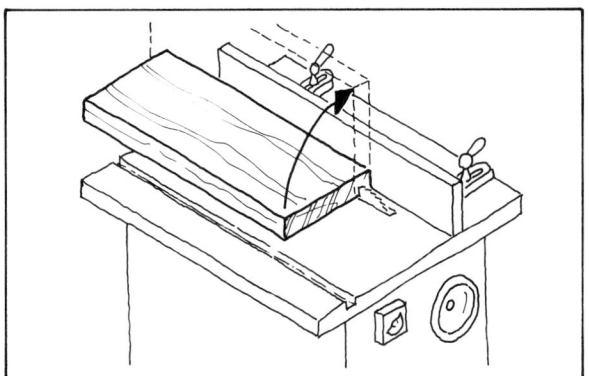

An der **Kreissäge** wird das Brett je nach Verbindungsart waagerecht oder senkrecht über das Sägeblatt geführt. Normalerweise reicht die Blattstärke von 4–5 mm schon für eine brauchbare Nut aus.

Dübeln

Dübeln von Hand

Gedübelte Verbindungen sind eine leicht herauszustellende Lösung und verdrängen geschlitzte oder gezinkte Holzverbindungen immer mehr. In beide zusammengefügte Bretter werden mit dem gleichen Werkzeug Dübellöcher gebohrt. Gedübelte Verbindungen können stumpf oder auch auf Gehrung ausgeführt werden.

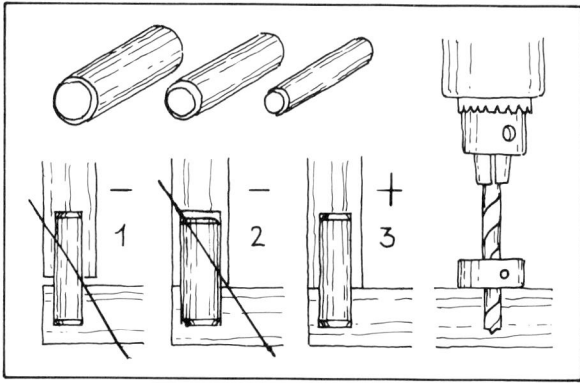

Dübel werden aus Buchenholzstäben hergestellt.
Der Dübelquerschnitt sollte nicht mehr als 1/3 der Brettstärke betragen.
Die Dübellänge sollte etwas kürzer als die Lochtiefe sein.
Für Bohrer gibt es verstellbare Tiefenringe.

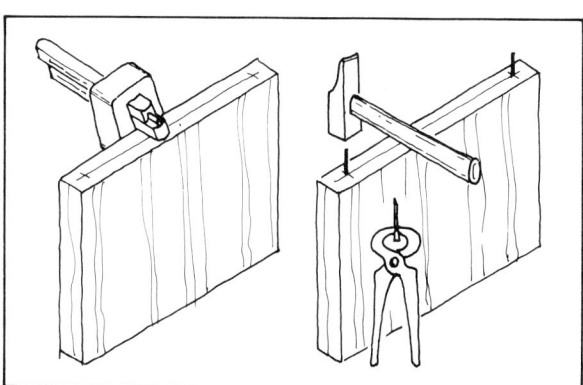

Anreißen der Dübel
Mit dem Streichmaß wird die Brettstärkenmitte angerissen. Mit Drahtstiften ohne Kopf werden die Bohrlöcher markiert.

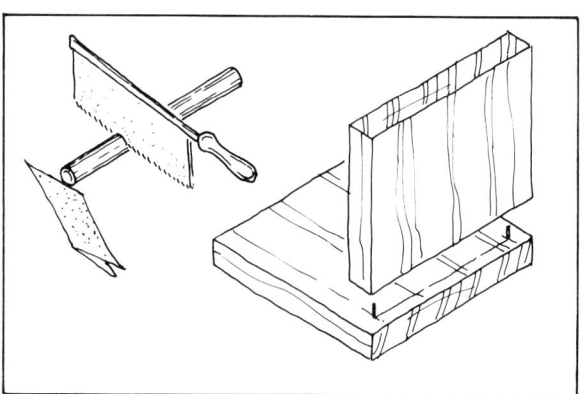

Die **Stifte** dürfen nur mit 2–3 mm überstehen. Sie werden anschließend an das Gegenbrett zur Übertragung der Lochachsen gedrückt und markieren so genau Sitz und Abstand der Löcher. Danach werden sie mit der Kneifzange herausgezogen.
Die abgesägten Dübel müssen an den Kanten angefast werden.

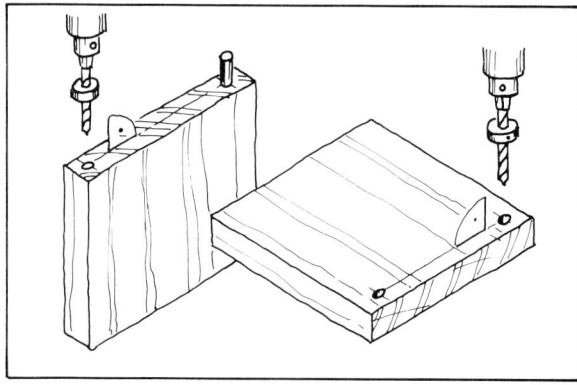

Mit einem **Bohrer** mit Zentrierspitze werden die Löcher entsprechend der Dübelstärke in die Bretter eingebohrt.
Die Bohrlochtiefe beim Brett quer zum Langholz sollte 2/3 der Brettstärke nicht überschreiten.

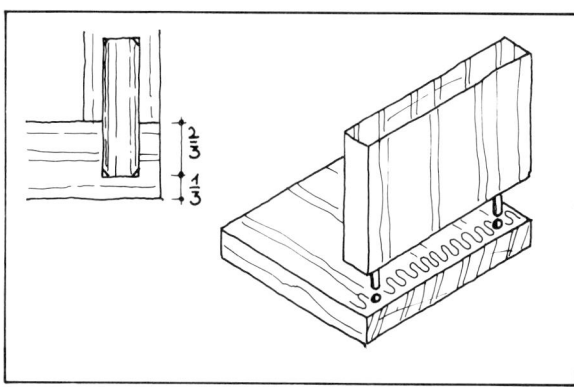

Vor dem **Zusammenstecken** werden die Dübel mit Leim bestrichen und erst in das Brett mit den hirnholzseitigen Löchern gesteckt. Dann kann man die beiden Bretter zusammenfügen. Vorher die Kanten mit Leim einstreichen, dann mit vorsichtigen Hammerschlägen und Klotz die Werkstücke zusammenpressen.

Dübeln
mit Schablone

Im Handel werden verschiedene Bohrschablonen angeboten, die das genaue Bohren erheblich erleichtern. Dadurch wird das Anreißen der Bohrlöcher vereinfacht und das Verlaufen des Bohrers vermieden.

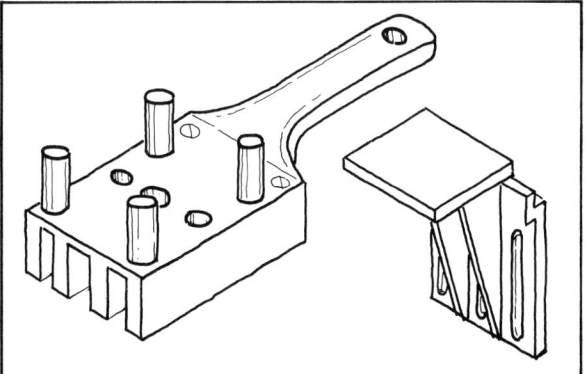

Kunststoff-Dübelschablone
für drei Dübeldurchmesser:
6, 8, 10 mm, mit einsetzbarem Anschlagwinkel.

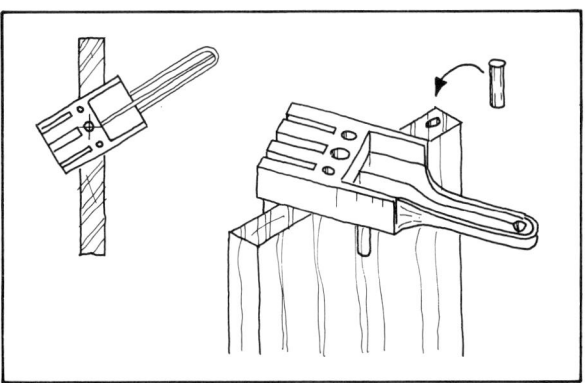

Das diagonale Kanten der Schablone bewirkt die Berührung der Stützen an den Plattenaußenflächen. Dadurch wird automatisch immer ein mittiges Einbohren der Dübellöcher in die Plattenstärke ermöglicht.
Nach dem Bohren werden die Dübel in die Löcher geleimt.

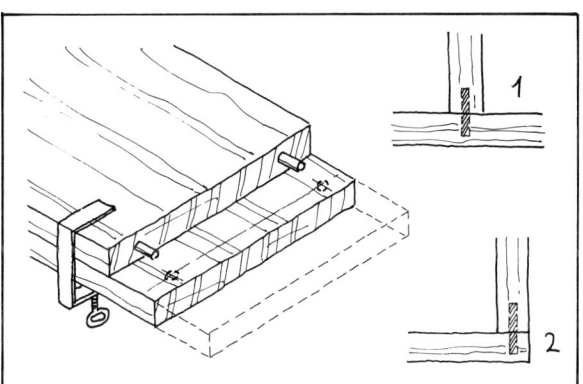

Die **Markierung** für die zu bohrenden Löcher wird mit einem Streichmaß oder Winkel angetragen. Die fertig gedübelte Platte wird auf die zu bearbeitende mit entsprechendem Abstand kantenbündig aufgelegt und festgezwingt.

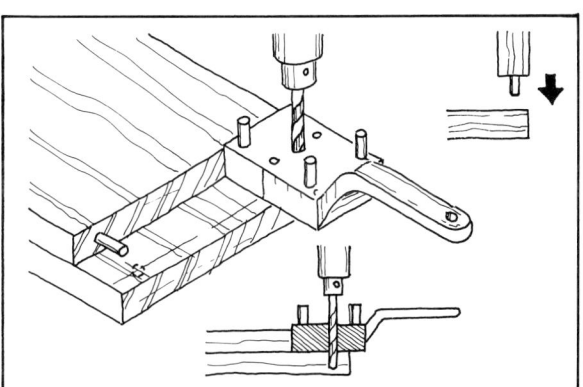

Die Markierung an der Dübelschablone muß sich mit dem Anriß des Mittenmaßes der zu bohrenden Löcher decken. Der gesteckte Dübel der aufliegenden Platte greift in die Schablone ein und gibt ihr die exakte Position zum Bohren.

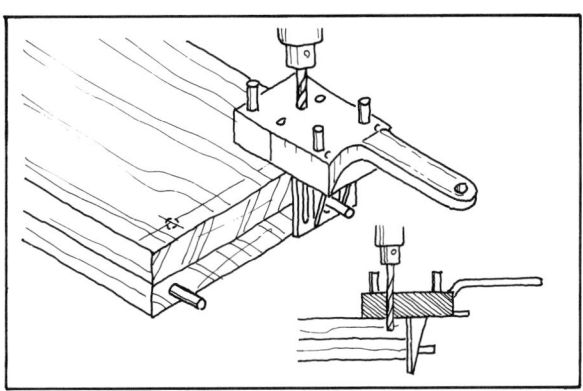

Das **Bohren** der Dübellöcher für die Gegenplatte kann auch mit dem Anschlagwinkel erfolgen. Ein Tiefensteller verhindert eventuelles Durchbohren der Platte.

Zinkungen

Zinken sind Kantenverbindungen, die ausschließlich an Schnittholz vorgenommen werden können. Von Hand oder maschinell gefertigte Zinken werden überall dort eingesetzt, wo starke Belastungen oder Zug auftreten. Diese klassische Verbindung für Kastenmöbel, Truhen und Kästen ist formschön und haltbar, jedoch aufwendig in der Herstellung.

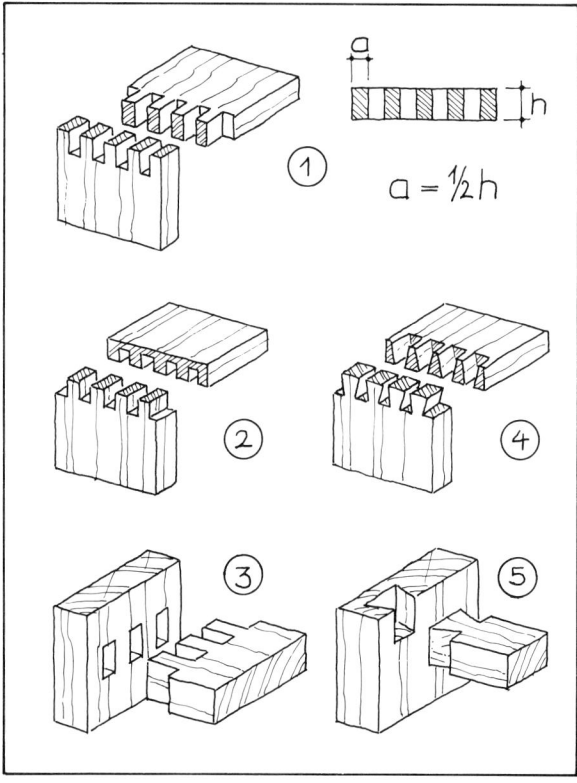

Die **Ausführung** der Zinken ist durchgehend oder verdeckt, gerade oder schräg.
1 Zinken, gerade (Fingerzinken)
2 Zinken, verdeckt, für Schubkästen
3 Fingerzinken, durchgehend; sie können verkeilt werden, z.B. bei Massivholzmöbeln
4 Zinken, schwalbenschwanzförmig; Beanspruchung möglich sowohl auf Zug als auch auf Druck
5 Aufzinker, Anwendung beim Rahmenbau als Zusammenhalt von Korpusteilen

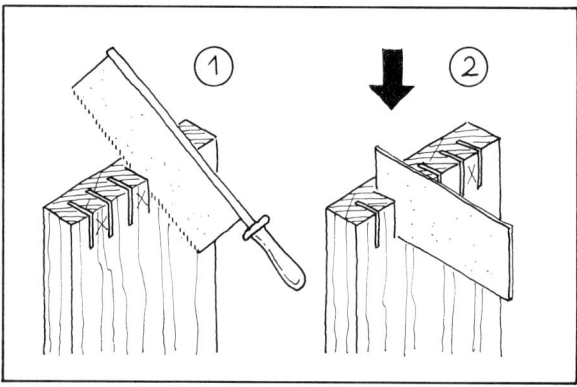

Anschneiden verdeckter Zinken:
1 Anschneiden der Zinken
2 Vervollständigung der Einschnitte mit Stecheisen oder Ziehklinge

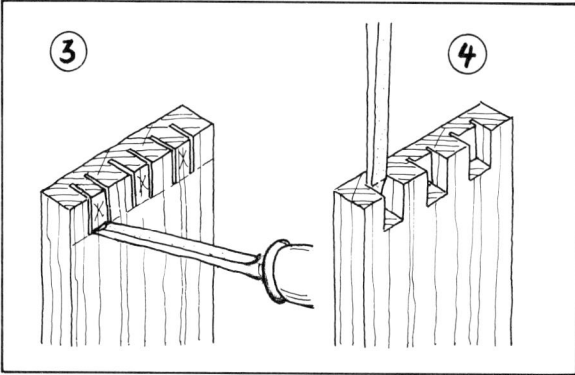

Ausstechen
1 Ausstemmen, stückweise
2 Feinstemmen, Zinkung an den Wandungen begradigen

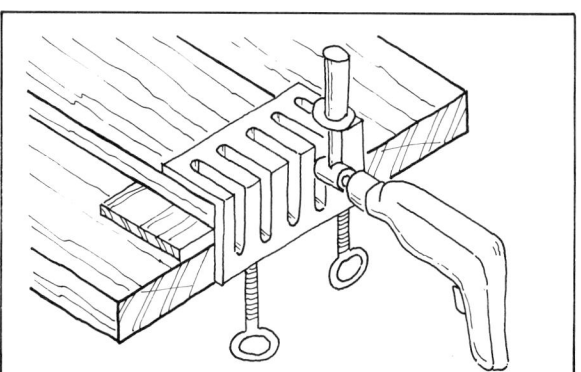

Ausbohren
Das fertige Werkstück auf das unbehandelte Gegenstück legen und die Zinkung durch Anreißen übertragen. Die Ausführung der Zinken (Fingerzinken) mit Schablone und Bohrmaschine erspart Zeit und es wird ein genaueres Zusammenpassen der Eckstücke erreicht.

Zinken

Die Zinkung hat die Eigenschaft, Bretter am Werfen zu hindern, jedoch diese miteinander quellen und schwinden zu lassen. Werkstücke mit Schwalbenschwanzzinken halten auch im unverleimten Zustand, und beim Zusammenbau sind keine Spannwerkzeuge nötig.

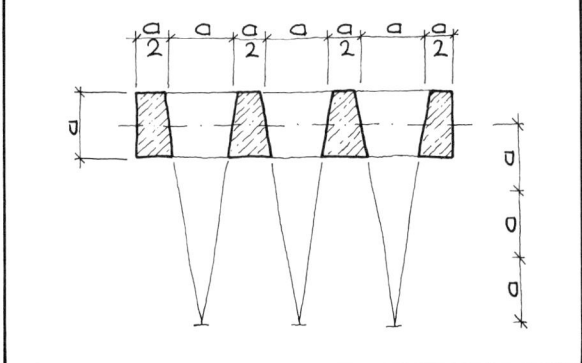

Anreißen der Zinken
Zuerst wird eine gleichmäßige Aufteilung der Zinken über die Brettbreite aufgerissen. Die rechte Seite des Brettes sollte dabei immer nach oben zeigen.

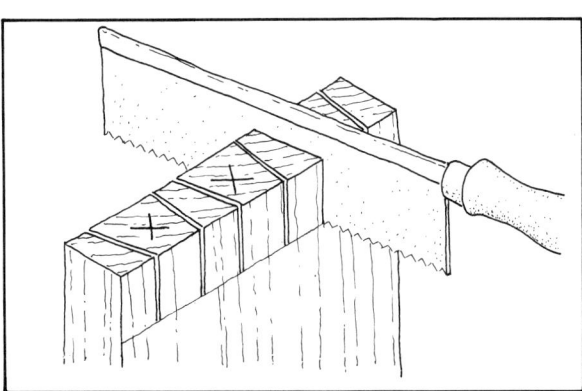

Anschneiden
Mit der Feinsäge werden die Zinken genau senkrecht auf die entsprechende Tiefe geschnitten. Diese ergibt sich aus der Stärke des Gegenbrettes mit Schwalben. Der Riß muß sichtbar bleiben.

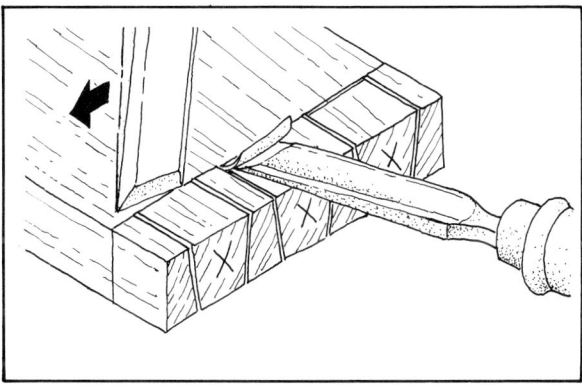

Zum **Ankerben** der Schwalbenstücke wird das Brett flach auf der Werkbank eingespannt.
Bis zum Anschlag parallel zur Außenkante werden die Kerben mit dem Stecheisen angeschnitten.

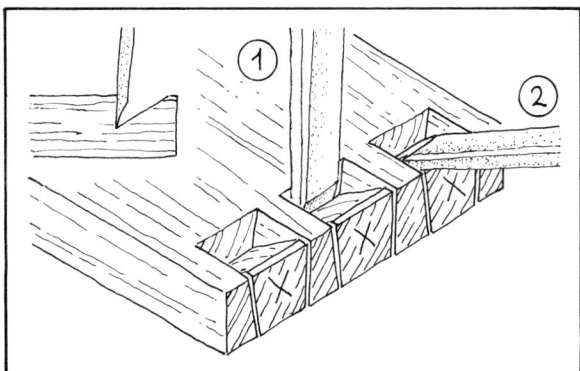

Das **Ausstemmen** der Schwalbenstücke:
1 Stecheisen senkrecht ansetzen und ins Holz treiben.
2 Stecheisen hirnholzseitig schräg zur Mitte eintreiben und Holz abspalten (siehe Schnittzeichnung).

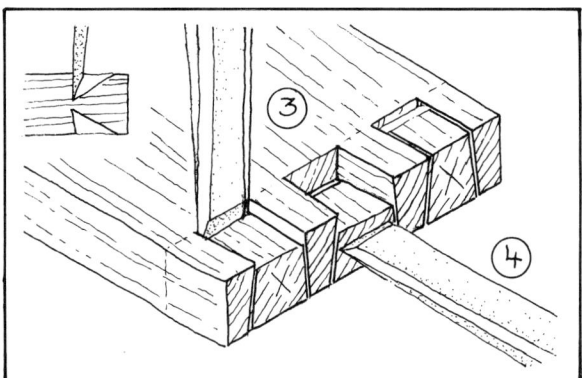

3 Das Werkstück umdrehen und das gleiche auf der Gegenseite wiederholen.
4 Den verbleibenden Rest herausstemmen, die Wandungen senkrecht abstechen.

Schwalben

Das **Anreißen** der Schwalben:
Das fertig gestemmte Brett mit
den Zinken wird senkrecht auf
das unbearbeitete Brett angehal-
ten, um die Schwalben zu übertragen.

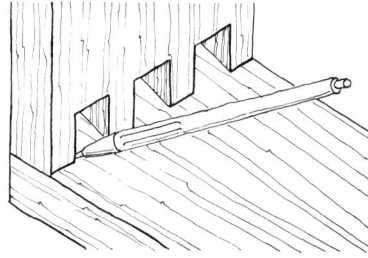

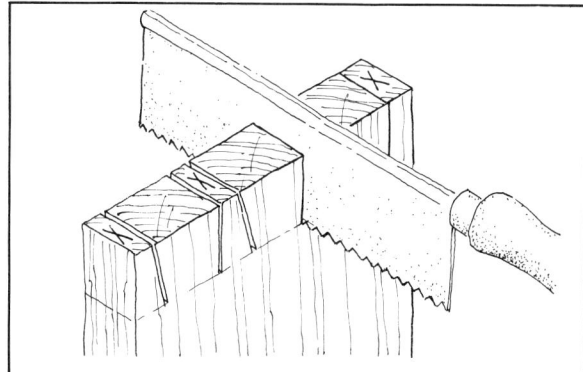

Beim **Anschneiden** der Schwalben wird die Feinsäge genau
winklig geführt. Geschnitten
wird auf Mitte Riß im rechten
Winkel zur Brettstärke.

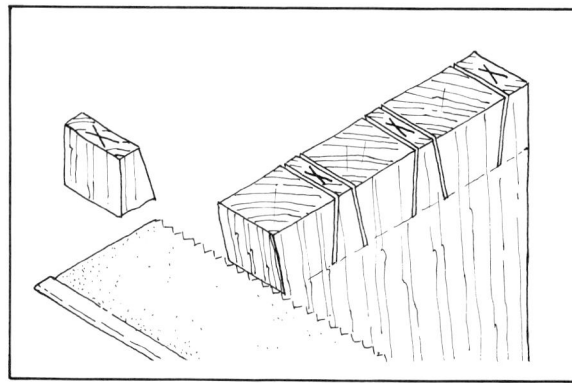

Absetzen
Die beiden äußeren Zinken werden mit der Feinsäge abgesetzt.

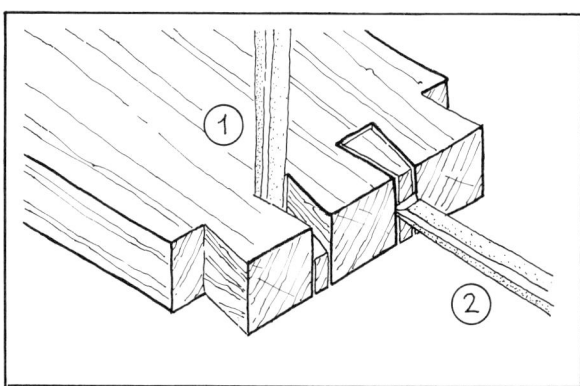

Beim **Ausstechen** der Zinken
wird ebenso verfahren wie beim
Ausstemmen der Schwalben:
Vorschneiden der Kerben, bis zur
Brettmitte ausstemmen, Brett
wenden und Holz von der anderen Seite abtragen.

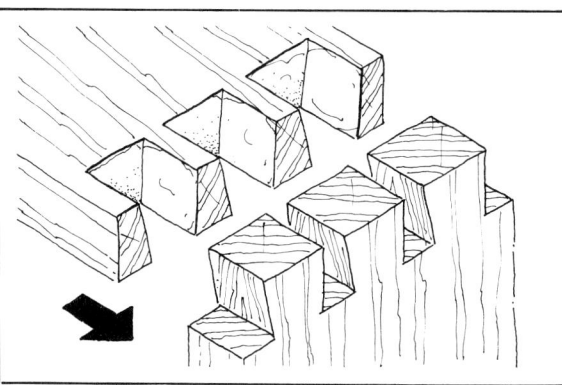

Zusammenstecken der Zinkung:
Sind die Schwalbenschwänze
sauber ausgestemmt, werden
die beiden Bretter trocken zur
Probe zusammengesteckt; ggf.
nachgearbeitet.

Verputzen der Zinkung:
Die Zinken werden sorgfältig mit
Leim bestrichen, dann die Bretter
zusammengefügt. Nach dem
Austrocknen werden die Oberflächen mit dem Hobel von
außen nach innen verputzt und
anschließend verschliffen.

Keile

Verleimte Keile

Verleimte Keile pressen Zapfen auseinander und sichern die Verbände. Der Druck muß immer gegen das Hirnholz gerichtet sein.

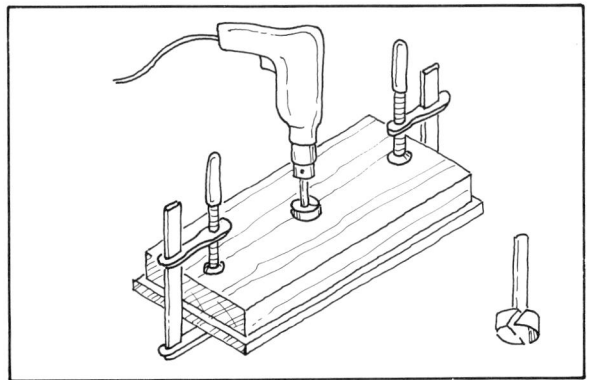

Die **Zapfenlöcher** werden mit Spiral- oder Forstnerbohrer gebohrt. Das Loch muß dem Durchmesser des Zapfens genau entsprechen.
Um das Ausreißen beim Durchbohren zu verhindern, empfiehlt sich eine Unterlage aus Holz.

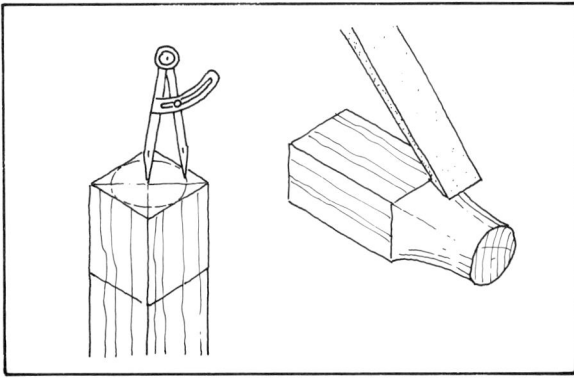

Anreißen und Vorbereiten des **Zapfens:**
Auf eine Quadratleiste wird hirnholzseitig der Querschnitt des fertigen Zapfens aufgetragen. Seitlich wird die Leiste konisch zulaufend mit dem Stecheisen bearbeitet, d.h. Material abgespalten (anspitzen).

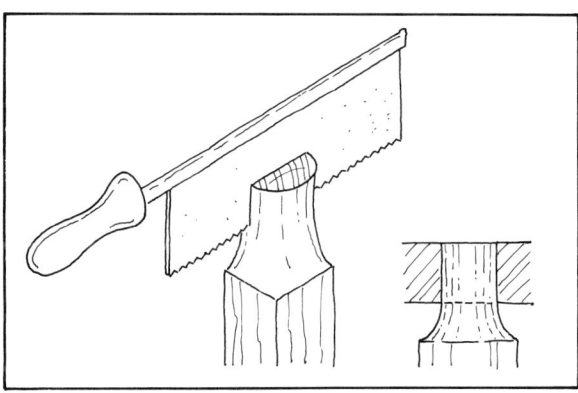

Zur Aufnahme des **Keils** auf 2/3 der Zapfenlänge eine Einkerbung einschneiden.
Dann wird der Rundzapfen zur Probe in das Loch des Brettes eingesteckt.

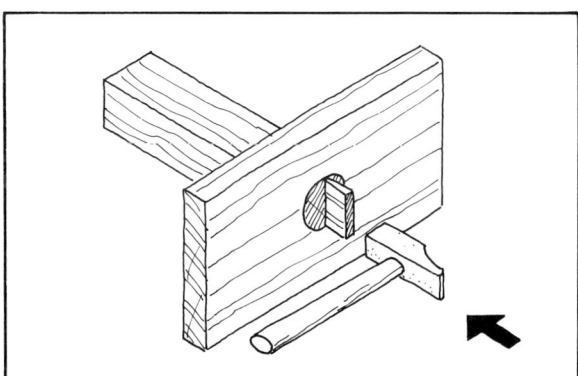

Verkeilen des Zapfens:
Nach der Leimangabe wird der Zapfen so in das Loch eingesteckt, daß der Keilschlitz quer zur Faser des Brettes läuft.
Aus Hartholz wird ein schlanker Keil in den Schlitz getrieben, der den Zapfen an die Lochinnenwand preßt. Der Keil erhält ebenfalls Leim.

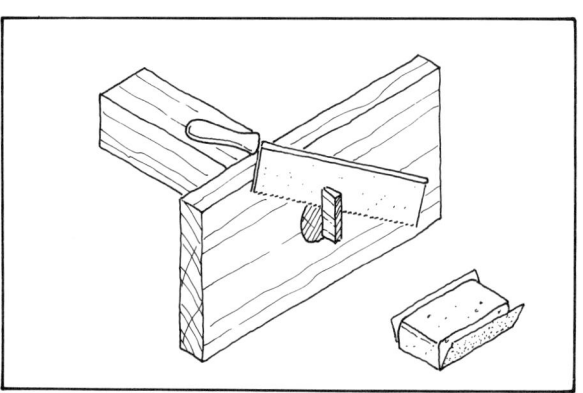

Verputzen des Zapfens:
Nach dem Austrocknen des Leims wird der überstehende Keilrest abgesägt. Die Brettoberfläche wird dann gehobelt und geschliffen.

Lösbare Keile

Stegverbindungen mit Keil sind sehr günstig; einmal sind sie außerordentlich stabil, zum anderen lassen sie sich ohne weiteres öffnen. Das ist für die Zerlegbarkeit, z.B. von Gestellen, von großer Bedeutung. Die Steg- und Keilanordnung kann senkrecht wie auch waagerecht, an schmalen Teilen ebenso wie an breiten Brettern und Möbelwangen, erfolgen. Die Keile sollten nicht zu kurz und nicht zu schräg gearbeitet sein. Das Vorholz, d.h. das Stück vom Keilloch bis zum Stegende, muß lang genug sein, damit es beim kräftigen Anziehen des Keiles nicht abschert.

Mit der Feinsäge wird der Zapfen entsprechend der Brettstärke und dem Überstand abgesetzt. Das Keilloch wird ausgestemmt.

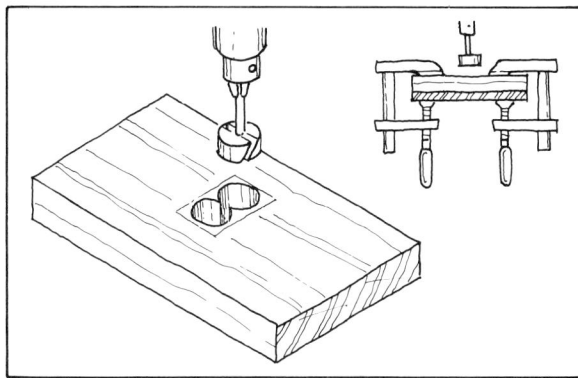

Das Brett erhält einen Schlitz, der dem Zapfen genau entspricht.

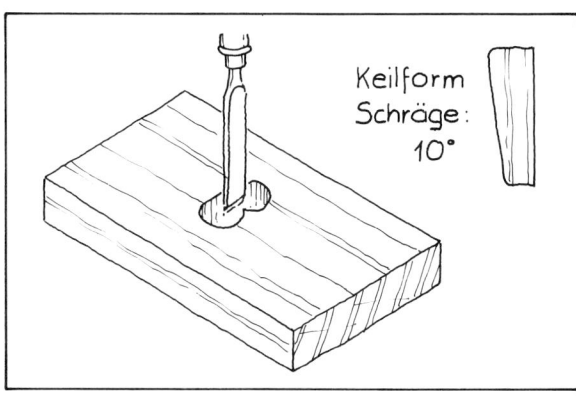

Keilform
Schräge:
10°

Der Schlitz wird von beiden Seiten her ausgestochen.
Der Keil wird aus Hartholz mit einer Schräge von ca. 10° in ausreichender Länge gefertig.

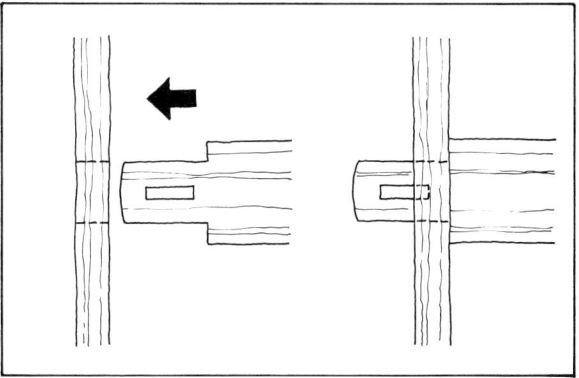

Der Zapfen wird durch den Schlitz gesteckt. Das Keilloch muß so lang sein, daß beim Eintreiben des Keils dieser das Brett und den Zapfen zusammenpreßt.

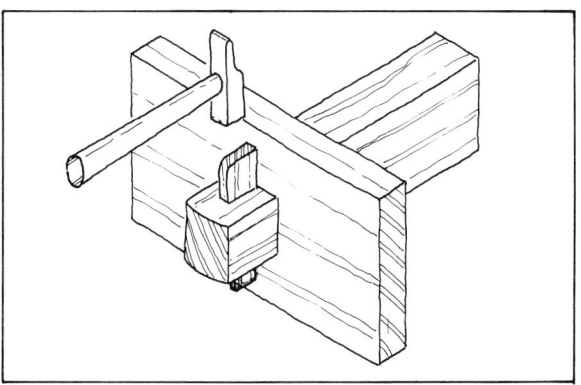

Mit dem Hammer wird der Keil ins Loch geschlagen. Je tiefer er steckt, um so fester ist die Verbindung.
Schläge von unten können die Verbindung wieder lösen.

Schrauben und Nägel

Sortimente

Schrauben dienen der Befestigung von Beschlägen wie der Verbindung von Holzteilen. Schrauben haben eine größere Haltbarkeit als Nägel, es gibt sie in verschiedenen Längen mit unterschiedlichen Köpfen.

Nägel sind unterschiedlich in Gewicht, Größe und Form. Je nach Einsatzart und Anforderung bestehen sie aus Holz, Eisen, Stahl oder Messing. Die Nagelform ist rund, quadratisch oder rechteckig. Sie werden in Längen von 5–200 mm angeboten. Die Haltekraft ist bei rauhen, rechteckigen Nägeln größer als bei runden.

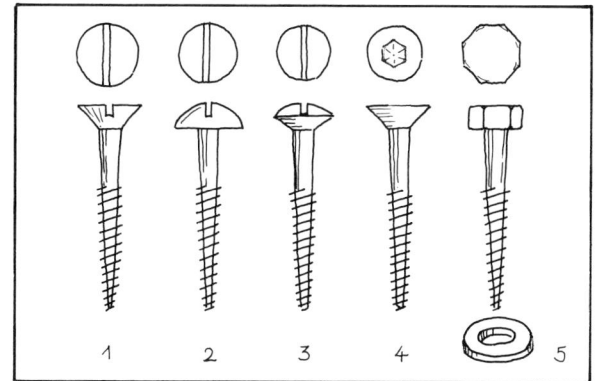

Holzschrauben
1 Flachkopfschrauben
2 Rundkopfschrauben
3 Linsenkopfschrauben
4 Inbusschraube
5 Sechskantschraube, Unterlegscheibe

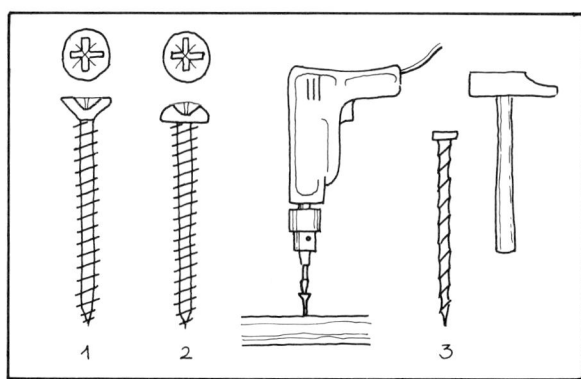

Schnellschrauben
1 mit Flachkopf,
2 mit Rundkopf, geeignet für schnelle Montage, hoher Ausreißwiderstand, mit Bohrmaschine ein- bzw. ausschraubbar
3 Schraubnagel mit sehr hohem Ausreißwiderstand

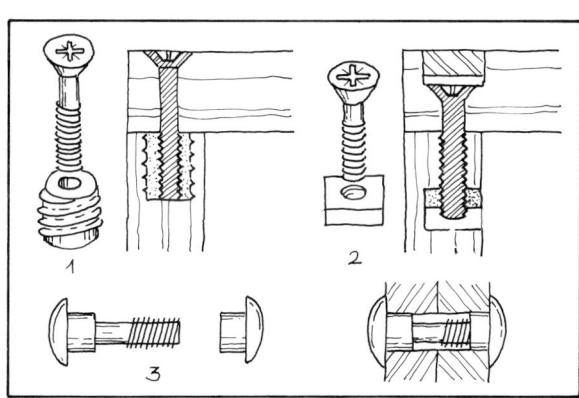

Nägel
1 Polsternagel
2 Zierkopfnagel
3 Senkkopfnagel
4 Wagnerstift
5 Stauchkopf
6 Kammzwecke
7 Drahtstift
8 Kreuznagel
9 Krampe
10 Tackerklammer

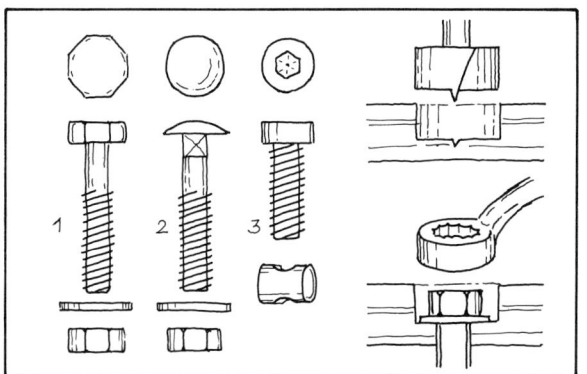

Schrankschrauben
1 Rampaschraube, mit Messingeinschlagmuffe
2 Gestellschraube, mit Gewindeplatte
3 Küchenschraube, z.B. zum Zusammenfügen der Seitenteile von Hängeschränken

Maschinenschrauben
1 Sechskantschraube
2 Schloßschraube
3 Inbusschraube mit Zylinderkopf
Für verdeckte Schloßschrauben werden Löcher mit einem Forstnerbohrer vorgebohrt, anschließend mit gekröpften Ringschlüssel festgezogen.

Schrauben

Geschraubte Verbindungen halten bedeutend besser als genagelte. Die Haltekraft der Schraube beruht darauf, daß durch Eindrehen in das Holz ein Gegengewinde entsteht. Daher dürfen Holzschrauben nicht eingeschlagen oder zu groß vorgebohrt werden. Das Gewinde von Holzschrauben hat im Gegensatz zu Metallschrauben scharfe Kanten. Kleine Schrauben werden mit dem Spitzbohrer vorgestochen, große mit dem Bohrer vorgebohrt.
Löcher für Linsen- und Flachkopfschrauben sind trichterförmig aufzureiben, Rundkopfschrauben liegen auf den Flächen auf.

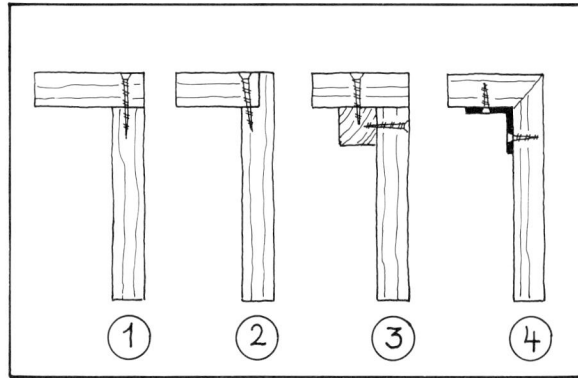

Verschraubungsarten
1 Verschraubung, einfach, sichtbar
2 Verschraubung, schräg, bei gefälzter Eckverbindung
3 Verschraubung mit Leiste
4 Verschraubung mit Metallwinkel von innen, außen nicht sichtbar

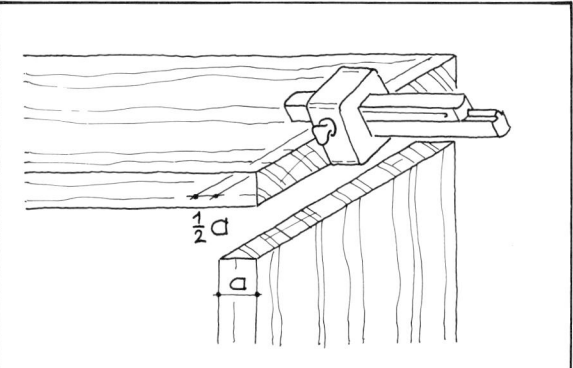

Zunächst die Position der Schraubenlöcher anreißen.
Bei sehr langen Schrauben mit einem feinen Bohrer (2/3 des Schraubendurchmessers) vorbohren.

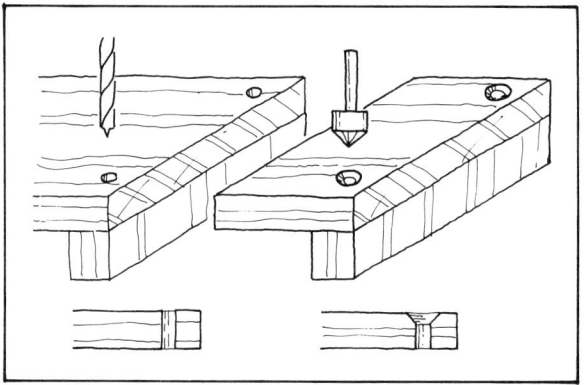

Anschließend den Oberboden durchbohren, die Bohrstärke entspricht dem Schraubendurchmesser. Bei Senkkopfschrauben Löcher ansenken!

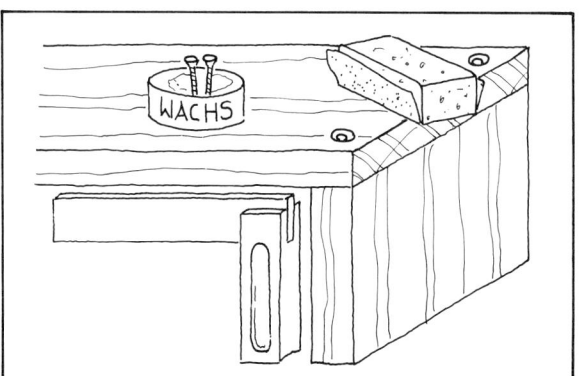

Das Zusammenfügen der Böden und Seiten erfolgt genau im Winkel.
Das Einwachsen der Schrauben vor dem Einstecken in die Löcher erleichtert das Eindringen.

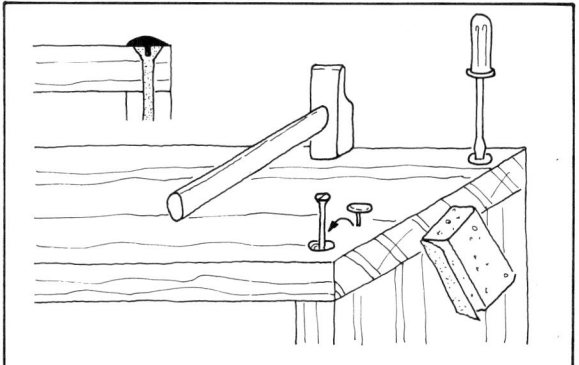

Die Schrauben lassen sich etwa ein Drittel ihrer Länge mit einem Hammer vorsichtig in die Löcher treiben.
Nur Schraubendreher mit entsprechend breiter Klinge verwenden. Schraubenköpfe lassen sich anschließend mit Kappen abdecken.

Nageln

Genagelte Verbindungen besitzen eine wesentlich geringere Festigkeit als Schraubenverbindungen. Sie sind aber preiswerter und schneller herstellbar.

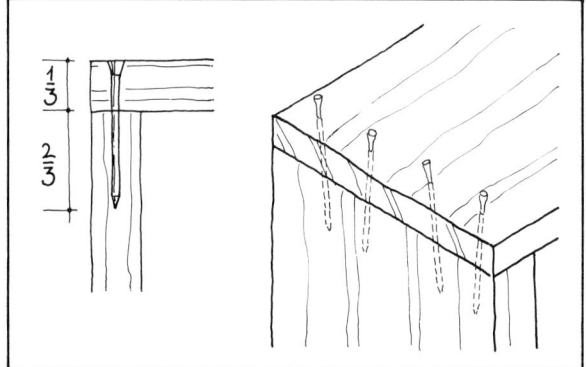

Die Eindringtiefe von Nägeln ist wichtiger als deren Stärke. Dabei sollte ein Nagel zu 2/3 im unteren Holz eingetrieben sein. Schräger Sitz gibt besseren Halt!

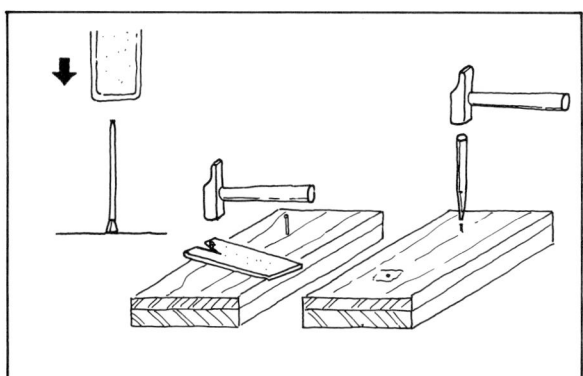

Die Nagelspitzen sind bei dünnen Holzplättchen zu stauchen, damit sich das Holz nicht spaltet. Kleine Nägel kann man gut mit einem geschlitzen Kartonstreifen halten. Nägel immer versenken!

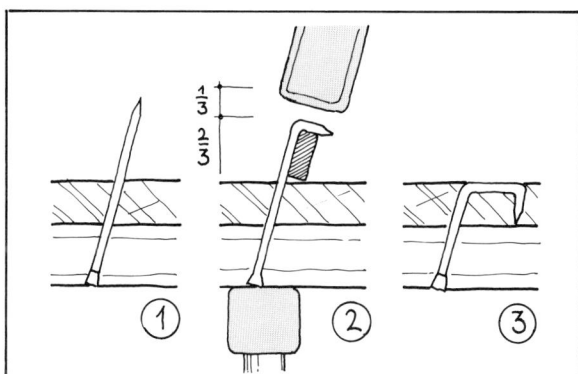

Beim **Festnageln** dünner Leisten und Platten werden Nägel durchgetrieben und auf der Rückseite zu Krampen umgeschlagen und ins Holz eingetrieben.

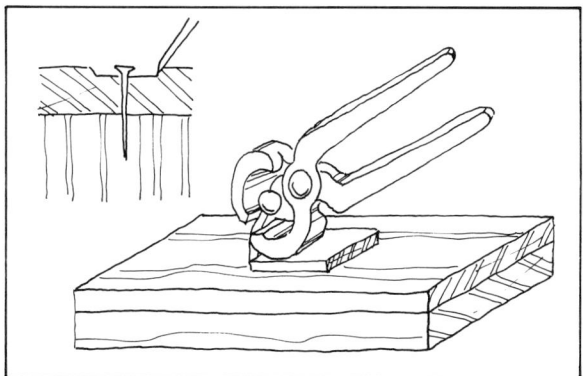

Vor dem **Herausziehen** von Nägeln den Kopf ggf. mit einem feinen Stecheisen freistemmen. Beim Ausziehen mit einer Kneifzange immer eine Unterlage verwenden, um die Holzoberfläche vor Beschädigung zu schützen.

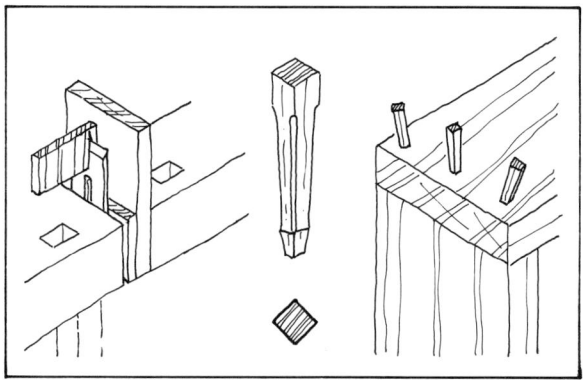

Holznägel werden aus Birke, Linde oder Weide durch Abspalten an einem Hobelmesser selbst hergestellt. Bei Feuchtigkeit quellen sie und geben eine besonders feste Verbindung bei Massivholzbauweise.

Metall-verbinder

Bleche und Winkel

Bleche und Winkel finden bei untergeordneten Möbeln Anwendung. Sie werden mit Holzschrauben befestigt und bieten sich deshalb für zerlegbare Möbel an. Für Bett- und Rahmenkonstruktionen gibt es vorgefertigte Teile.

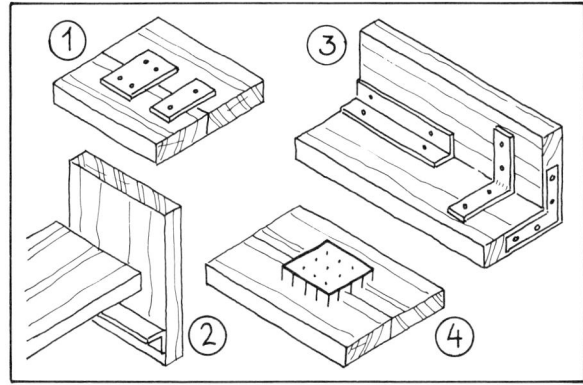

Bleche
1 Flachbleche, für Verbindungen in der Ebene
2/3 Winkelbleche, für Eckverbindungen
4 Nagelbleche, Zimmermannsverbindung für Unterkonstruktionen

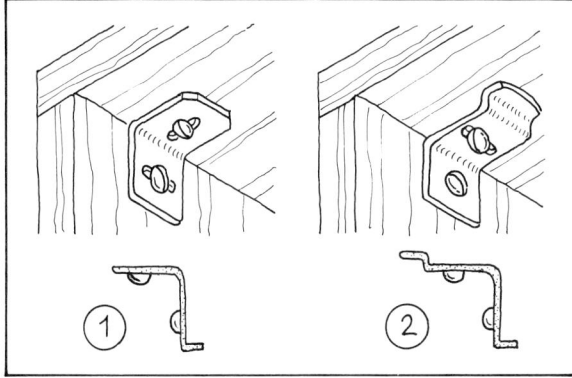

Metallkeile für flächige Verbindungen bestehen aus zwei schräg abgekanteten Trägerblechen und einer trapezförmigen Kammer.
Diese wird mit einem Hammer auf die Trägerbleche getrieben und somit verkeilt.

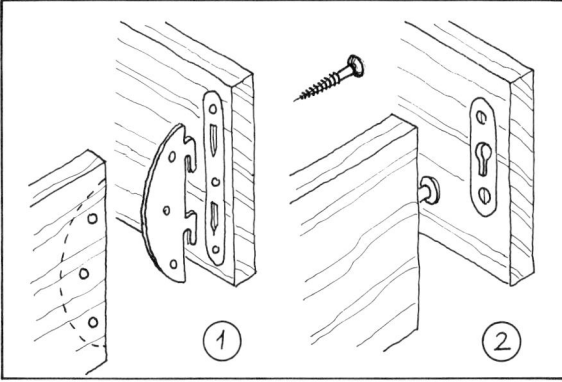

Die **Langlochschlitze** ermöglichen Justagen beim Einbau und Arbeiten des Holzes (Quellen und Schwinden) nach der geschraubten Befestigung.
1 mit Hakendorn
2 gekröpft

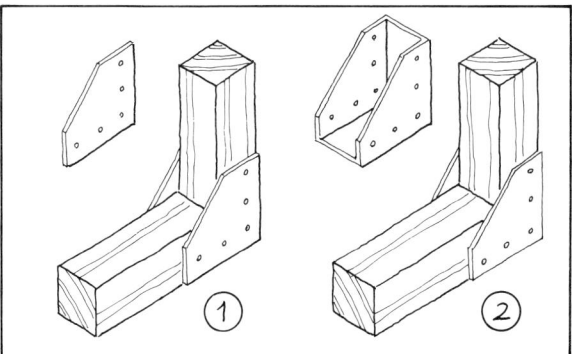

Bettbeschläge
1 eingelassenes Schließblech mit Einsteckkrallen
2 mit Linsenkopfschraube, greift in die Metallplatte mit Lochschlitz ein.
Beide Beschläge sind durch Ausheben zerlegbar.

Bleche und Schuhe
für stumpf zusammengesetzte Rahmenhölzer:
1 Bleche, flach, vorgebohrt für Schlagschrauben
2 Balkenschuhe gibt es in verschiedenen Größen in feuerverzinkter Ausführung mit dazugehörigen Schlagschrauben auch in Baumärkten.

Beschläge

Schränke und Regale müssen leicht zu transportieren sein und werden deshalb zerlegbar konstruiert. Zerlegbare Schränke erhalten besondere Beschläge, um die einwandfreie Montage und Demontage zu garantieren. Die Beschläge sitzen in oder an den Schrankseiten, mittig oder nach vorn versetzt. Sie werden mit dem Boden vertikal oder horizontal zusammengezogen. Ein wichtiges Merkmal für die Beschläge ist neben der Stabilität auch ihre problemlose Montage.

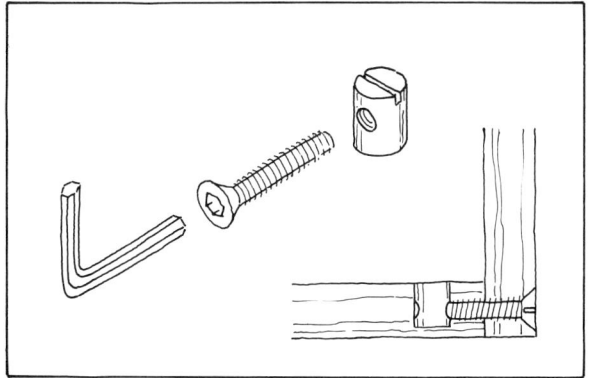

Inbusschrauben mit Zylinder sind eine einfache Verbindung, häufig bei Mitnahmemöbeln zu finden. Die Schraube wird von außen mit einem Inbussechskantschlüssel in das Gewinde eingeschraubt und festgezogen.

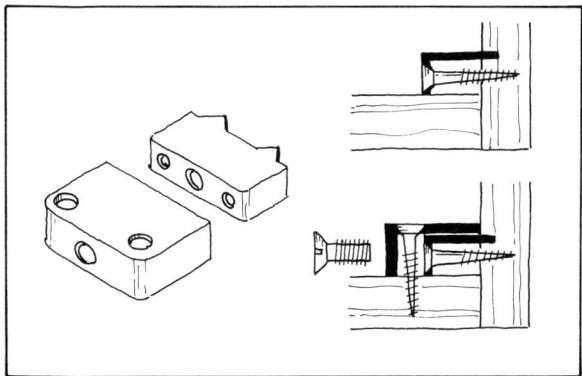

Das **Aufschraubtrapez** besteht aus Unterteil (Metallblock mit Verkrallung) und Kunststoffoberteil (Kappe). Das Unterteil wird zuerst an eine Schrankseite geschraubt. Darauf wird die Kappe mit der Gegenseite gesteckt und mit einer Gewindeschraube festgezogen.

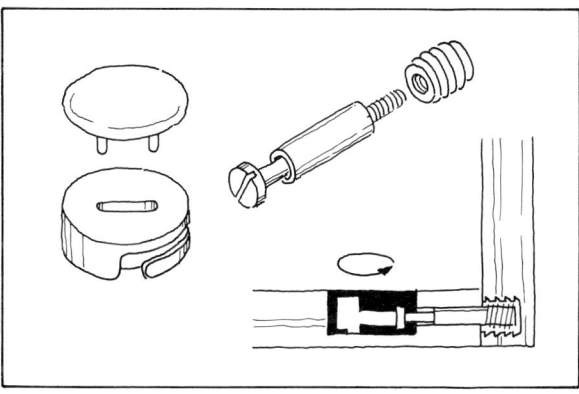

Der **Exzenterbeschlag** besteht aus Metallzylinder, Abdeckkappe, Verbindungsschraube und Schlaghülse. Die Verbindung ist von außen unsichtbar, leicht zu demontieren und durch Drehen mit einem Schraubenzieher einfach zu arretieren.

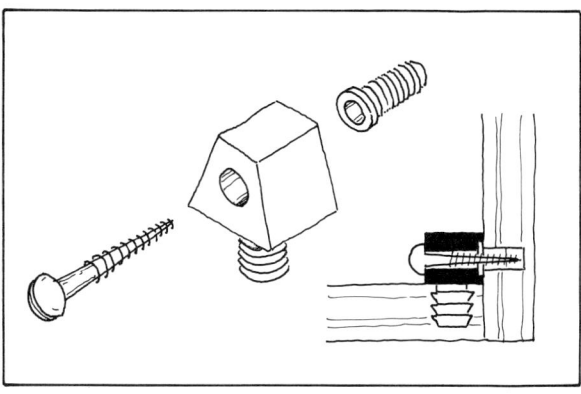

Trapezverbinder, bestehend aus Kunststoffblock mit Einschlaghülse und Schraube, eine unsichtbare Verbindung von außen, jedoch in den Schrankraum vorstehend.

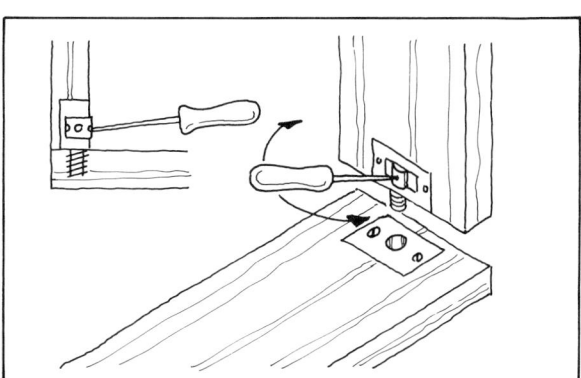

Berliner Schrankschraube, bestehend aus Halterung mit Gewindeschraube und Gewindeplatte, beide eingelassen. Mit einem Spitzdorn wird die Schraube ins Gewinde gedreht und festgezogen; klassische Verbindung.

67

Möbelreparaturen

KLAUS PRACHT · UTE FRISCH

Einleitung

Es kommt häufig vor, daß Möbel repariert werden müssen, denn schnell ist ein Schaden durch Unachtsamkeit oder Überbelastung entstanden. Wir denken dabei z.B. an Wasserflecken auf polierten Möbeln oder an wackelige Stühle, die das ewige Kippen übelgenommen haben.

Die Kosten für die Beseitigung von Schäden durch eine Werkstatt sind jedoch oft so erheblich, daß Reparaturen unterbleiben.

Es liegt nahe, selbst zu reparieren.

Das Kapitel bringt eine systematische Zusammenstellung denkbarer Schadensfälle und konkrete Vorschläge für ihre Behebung.

Einzelne Reparaturarbeiten an verschiedensten Möbelteilen werden Seite für Seite abgehandelt: die Behandlung von Platten, Böden und Wänden ebenso wie die Wiederherstellung von Kästen, Türen und Rolläden sowie deren Schlösser und Bänder. Auch auf Tische, Stühle und Betten wird eingegangen. Außerdem werden in getrennten Abschnitten spezielle Arbeitsweisen und Oberflächenbehandlungen besprochen.

Platten befestigen

Es gibt grundsätzlich zwei Möglichkeiten, eine Platte mit dem Korpus zu verbinden:
a) abnehmbar, also mit entsprechenden Beschlägen,
b) fest, das heißt in der Regel gedübelt, geschraubt oder gefedert.
Wir finden bei älteren Möbelstücken fast ausschließlich die unter b) genannten Verbindungen, deshalb beschränken wir uns darauf, deren Reparatur hier zu zeigen.

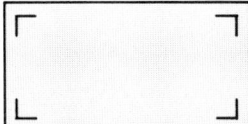

Wurde eine Platte zu Reparaturzwecken gelöst oder hat sich die alte Verbindung gelockert, so kann dies durch neues Verleimen behoben werden.

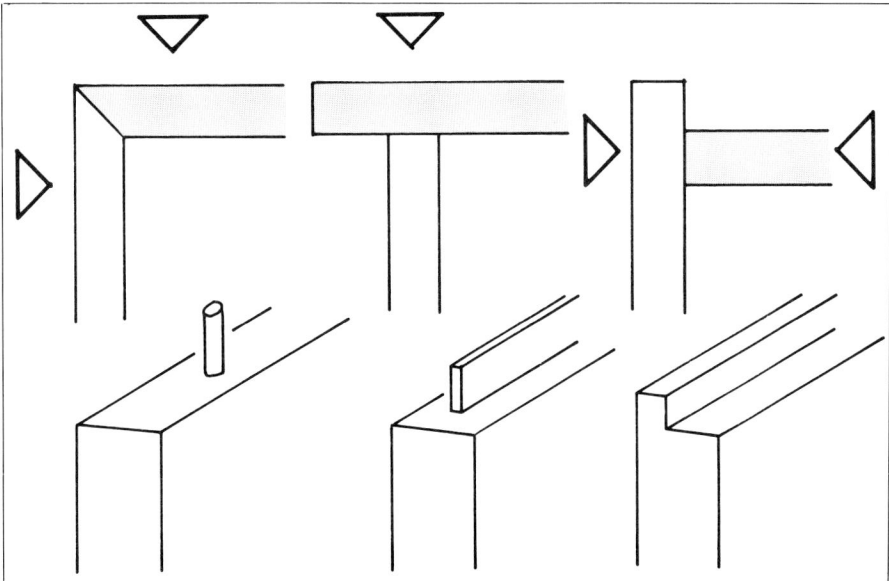

Im oberen Teil zeigt die Skizze, wie je nach Lage der Platte die Zwingen anzusetzen sind.

Im unteren Teil sind drei Verbindungsmöglichkeiten gezeigt: Dübel, Feder und Falz. Abgebrochene Dübel werden ausgebohrt und ersetzt.
Zerstörte Federn werden abgeschnitten und durch Dübel ersetzt.

Die gesäuberten Leimflächen werden dünn bestrichen, die Teile paßgenau zusammengefügt und die Zwingen unter Verwendung von Unterleghölzern (sonst Druckstellen!) angelegt. Vor dem Anziehen überprüfen wir nochmals die richtige Lage der Platte.

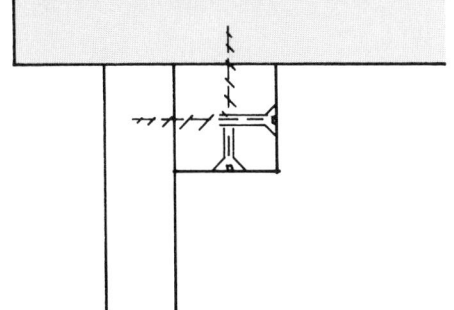

Alternativ zur Verleimung oder Reparatur der Verbindungen kann die Platte über eine vorgebohrte Leiste mit dem Korpus verschraubt werden. Hierzu legen wir das Möbel auf die Seite bzw. stellen es auf den Kopf, um immer nach unten schrauben zu können.

Die farbige Angleichung der ergänzenden Stücke ist in jedem Fall vor dem Einbau zu empfehlen. So lassen sich auch Verfleckungen der alten Stücke vermeiden.

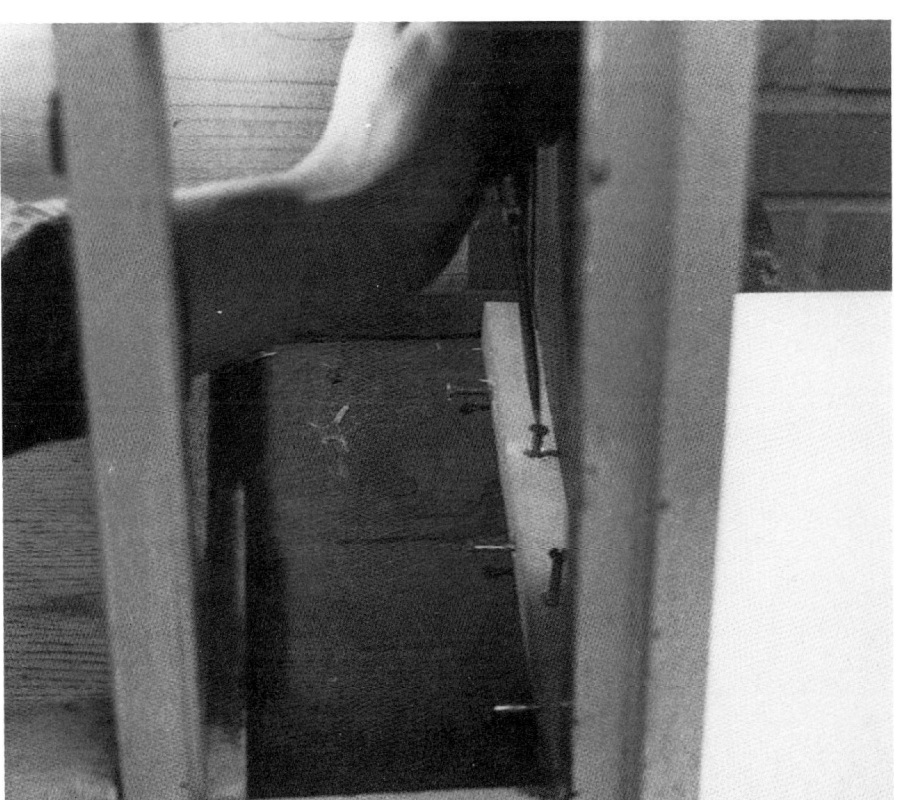

Böden einfügen

Böden sind oft überbelastet und biegen sich deshalb durch. Abhilfe schafft ein Verstärken oder das Einbringen zusätzlicher Böden. In den meisten Baumaterialhandlungen werden Zuschnitte nach Ihren Angaben ausgeführt. Dort erhalten Sie auch die verschiedenen Bodenträger (siehe unteres Bild).

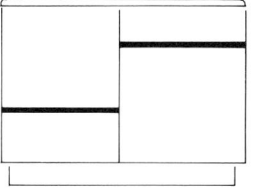

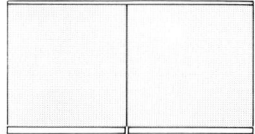

Will man Böden nachträglich einfügen, ist es am einfachsten, sie lose auf Trägernägel oder Bodenträgerstecker aufzulegen. Für letztere sind Bohrungen erforderlich. Markieren Sie diese und verwenden Sie beim Bohren einen Tiefenanschlag, um die Seitenwand nicht vollständig zu durchbohren.

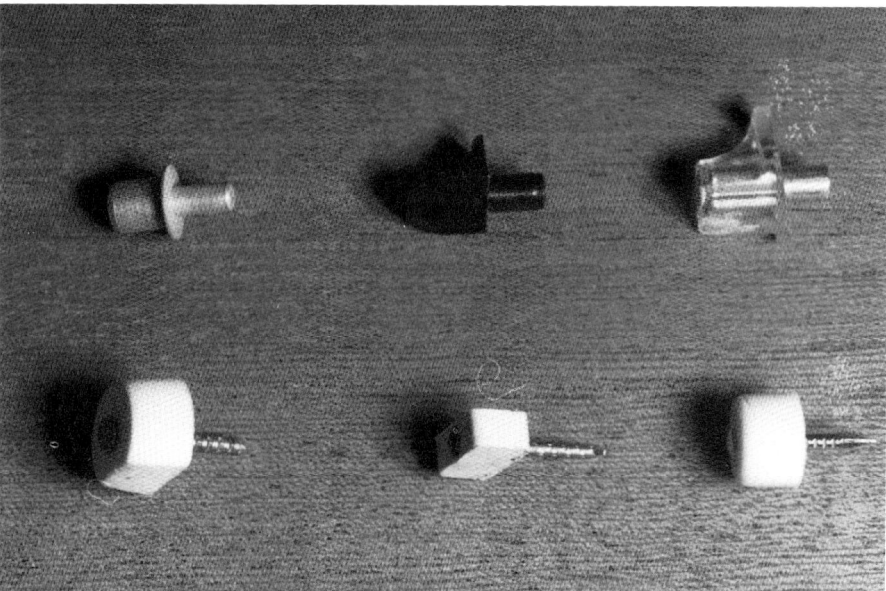

Böden können auch mittels Leisten oder Klötzen fest mit den Seiten verbunden werden (s. nächsten Abschnitt „Wände einsetzen").
Eine Vielzahl von Bodenträgern wird in den Beschlaghandlungen angeboten. Bei der Auswahl ist darauf zu achten, daß die Träger durch die Böden festgeklemmt werden, also nicht herausfallen können.

Wände einsetzen

Oft ist es für eine bessere Raumauftei-lung wünschenswert oder, weil sich die obere Platte bei starker Belastung durchbiegt, notwendig, in einem Kor-pus eine Mittelwand einzusetzen. Hierfür benötigen Sie eine furnierte Spanplatte, Tischlerplatte o.ä., passend zur Möbeloberfläche, eine Hartholzleiste und einige Schrauben.

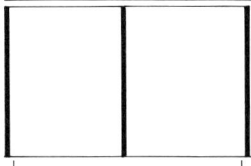

Zunächst bohren Sie die auf Länge geschnittene Leiste vor und schrauben sie dann an den oberen Rand der Mittel-wand. Nun drehen Sie das Möbel auf den Kopf und markieren die gewünschte Position. Hier wird mittig vorgebohrt und durchgeschraubt. Zuletzt die Leiste in den Korpus schrauben.

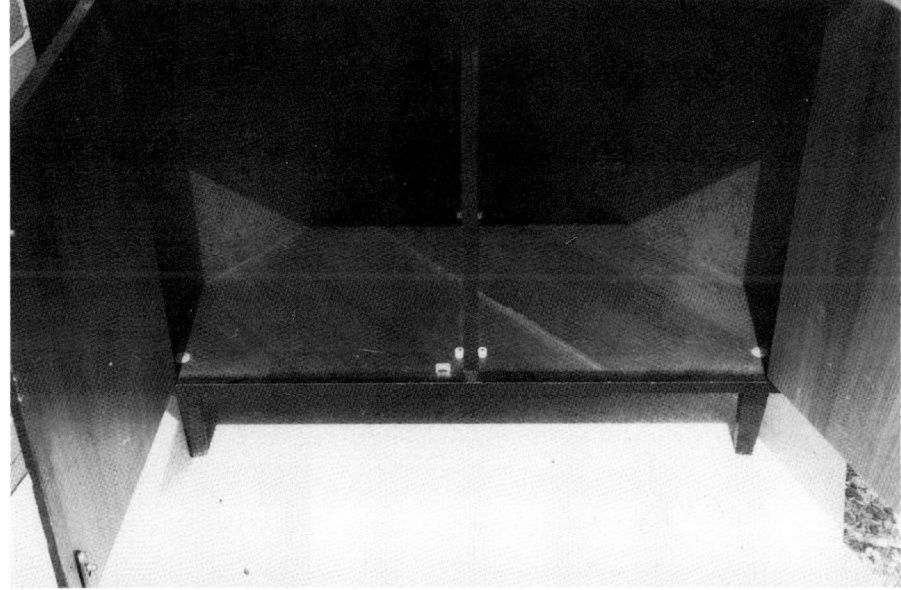

Soll die Wand herausnehmbar sein, wird sie oben und unten zwischen aufgena-gelten Bodenträgern geführt.
Eine verdeckte Lösung wäre es Metall-winkel aufzuschrauben, die in die Wand eingeschlitzt wurden.
Das Aufschieben ist dann sehr einfach, das Schlitzen dafür umso aufwendiger.

Rückwände ersetzen

Steht ein Möbel nicht im Winkel oder ist es in sich unstabil, liegt dies oft an einer mangelhaften oder gar fehlenden rückwärtigen Aussteifung. Es gibt mehrere Möglichkeiten, hier rasch und mit wenigen Mitteln Abhilfe zu schaffen.

Dieses Regal war überbelastet. Die Holzverbindungen haben sich vielleicht auch beim Herumrücken des Möbels gelockert, da wirkt sich das Fehlen einer Rückwand negativ aus.

Die Abbildung unten zeigt:
Bei einem rechtwinkligen Viereck sind die Diagonalen gleich lang.

Gleichlange Drähte oder feste Schnüre, über Kreuz aufgenagelt oder -geschraubt, bewirken nach diesem Prinzip, daß das Möbel wieder gerade und rechtwinklig steht.
Bei der Wahl der Verspannung ist darauf zu achten, daß ein Material eingesetzt wird, das sich nicht dehnt sonst sind besser Leisten anzubringen.

Eine diagonal aufgenagelte Holzleiste eignet sich besonders zur Aussteifung von Regalen.
Wenn Regale intensiv genutzt werden, die Verstrebung z.B. durch Bücher verdeckt wird, muß sie nicht stören.

Als Rückwand für einzelne Felder oder das ganze Möbel kann eine (beschichtete) Hartfaserplatte dienen. Sie wird von hinten auf die Seiten und die Böden genagelt oder geschraubt. Das ist eine einfache und preiswerte Lösung.
Die Rückwand verdeckt die Raumwand, das Regal wirkt so schwerer als ohne.

Flache Fensterwinkel werden aufgeschraubt und können so die Ecken einzeln aussteifen.
Eine vollständig verdeckt liegende Konstruktion ist vor allem bei hochwertigen Möbeln angebracht.
Die Wahl unter den aufgezeigten Möglichkeiten hängt von der Materialqualität der Regale, deren Nutzung und Bedeutung ab.

Möbelfüße stabilisieren

Möbel wackeln oft aufgrund unterschiedlich langer oder gar abgebrochener Möbelfüße. Zur Reparatur dieser Schäden s. Abschnitt „Stühle – Beine und Höhen ausgleichen."
Lose Konstruktionsteile können ebenfalls ein Wackeln verursachen. In diesem Fall ist die Reparatur rasch und unproblematisch durchzuführen.

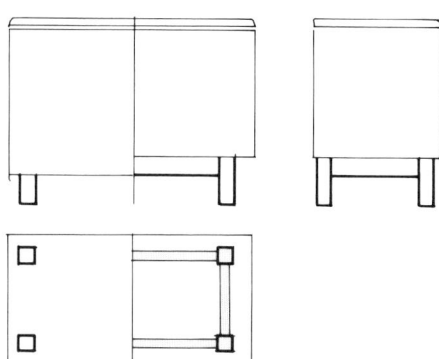

Dübel ermöglichen eine feste und nicht sichtbare Verbindung. Wir verwenden mindestens zwei Dübel pro Fuß, um ein Drehen zu vermeiden.
Eine Dübellehre oder Schablone erleichtert die Markierung der Bohrstellen, (siehe unter Dübeln, S. 57).

Im Langholz von Möbelfüßen erfüllen Schrauben denselben Zweck wie Dübel. Wir markieren die Position nicht zu dicht an der Kante, um ein Ausbrechen zu verhüten. Vorbohren erleichtert die Arbeit und verhindert das Reißen des Holzes.
Die Schrauben liegen verdeckt unter der Tür. Sollte dies im offenen Zustand dennoch stören, können Sie versenkt und verkittet, bzw. ausgestopft werden.

Bei Traggestellen sind die Eckverbindungen einer großen Beanspruchung ausgesetzt.
Dübel oder Zapfen sind die üblichen Konstruktionen, bei schlanken Seitenteilen sind sie jedoch oft so kurz, daß sie sich lockern können.

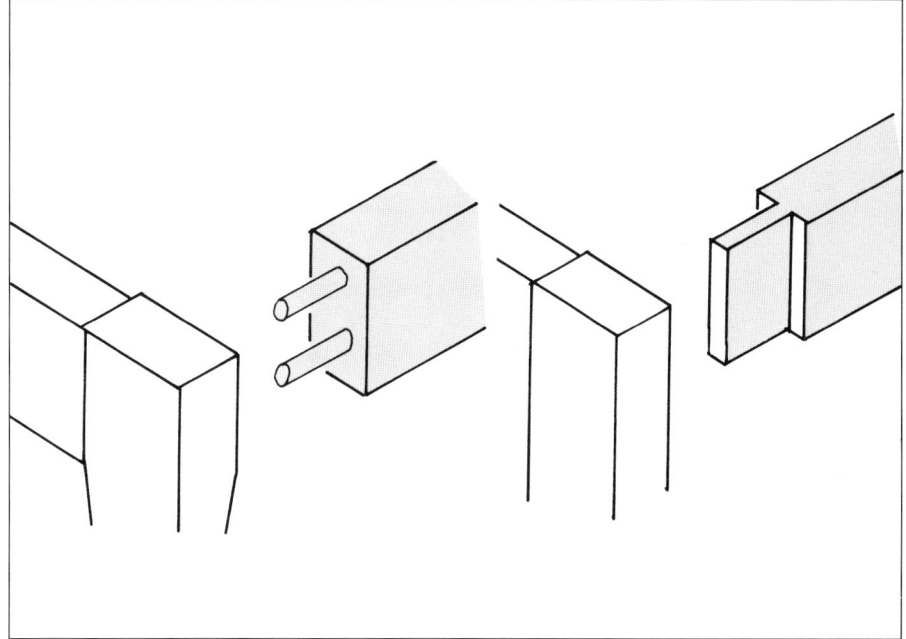

Lose Beine können neu verleimt werden. Hierfür werden zunächst die Verbände geöffnet, die Leimflächen gesäubert und dann dünn mit Leim bestrichen. Unter leichtem Schraubzwingendruck bringen wir das Bein in die richtige Position, erst dann ziehen wir fest an.

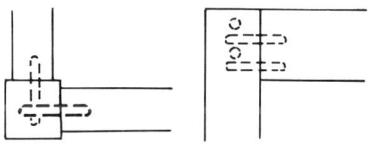

Muß neu gedübelt werden, ist darauf zu achten, daß die Dübel in der Höhe versetzt sind, wie die Skizze oben zeigt. So sind die Dübel länger.

Die Untergestelle oder Böcke sind mit den darauf ruhenden Körpern meist nur verschraubt.
Es empfiehlt sich die Gestelle von diesen während der Reparatur zu lösen, damit die Oberflächenbehandlung bis an die Kanten hinauf sauber erfolgen kann.

Schubkästen

Vorderstücke und Böden

Schubkästen bestehen aus dem Vorderstück, zwei Seiten, dem Hinterstück und dem Boden.

Fotos rechts: Vorderstücke aus Vollholz werden an den Ecken gezinkt. Hat sich diese Verbindung mit den Seiten gelöst, werden die Leimflächen gründlich gesäubert und neu bestrichen.

Die Zwingen setzen wir über Kreuz an und verwenden dabei wie immer Unterleghölzer.

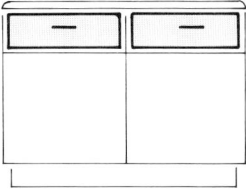

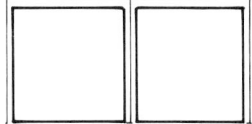

Hat sich bei aufgedoppelten Vorderstücken das aufgeleimte Doppel gelöst, wird es von innen festgeschraubt. Wir achten hierbei besonders auf die richtige Position des Vorderstückes in der Möbelfront.

Sind Vollholzböden, die wir nur noch bei alten Möbeln finden, gerissen, können sie nach hinten aus der Kastennut gezogen und verleimt werden. Zum Befestigen am Hinterstück eignen sich Schrauben besser als Nägel.

Das Austauschen alter Schnittholzböden gegen Holzwerkstoffplatten ist technisch einfach, wenn sich die Stärken gleichen. Historische Stücke aber verlieren an Originalität und damit an Wert. Schnell hat man etwas „kaputtsaniert".

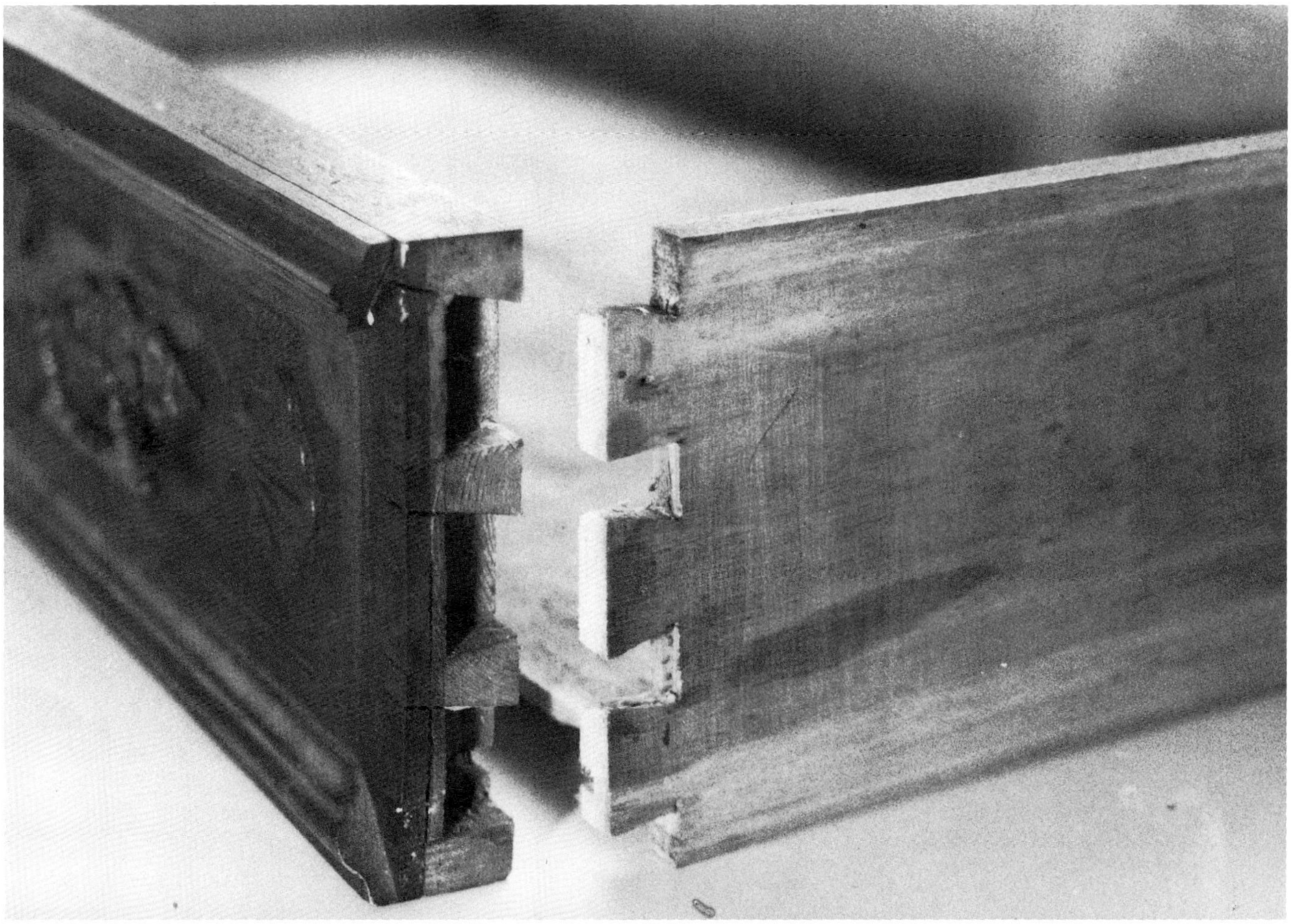

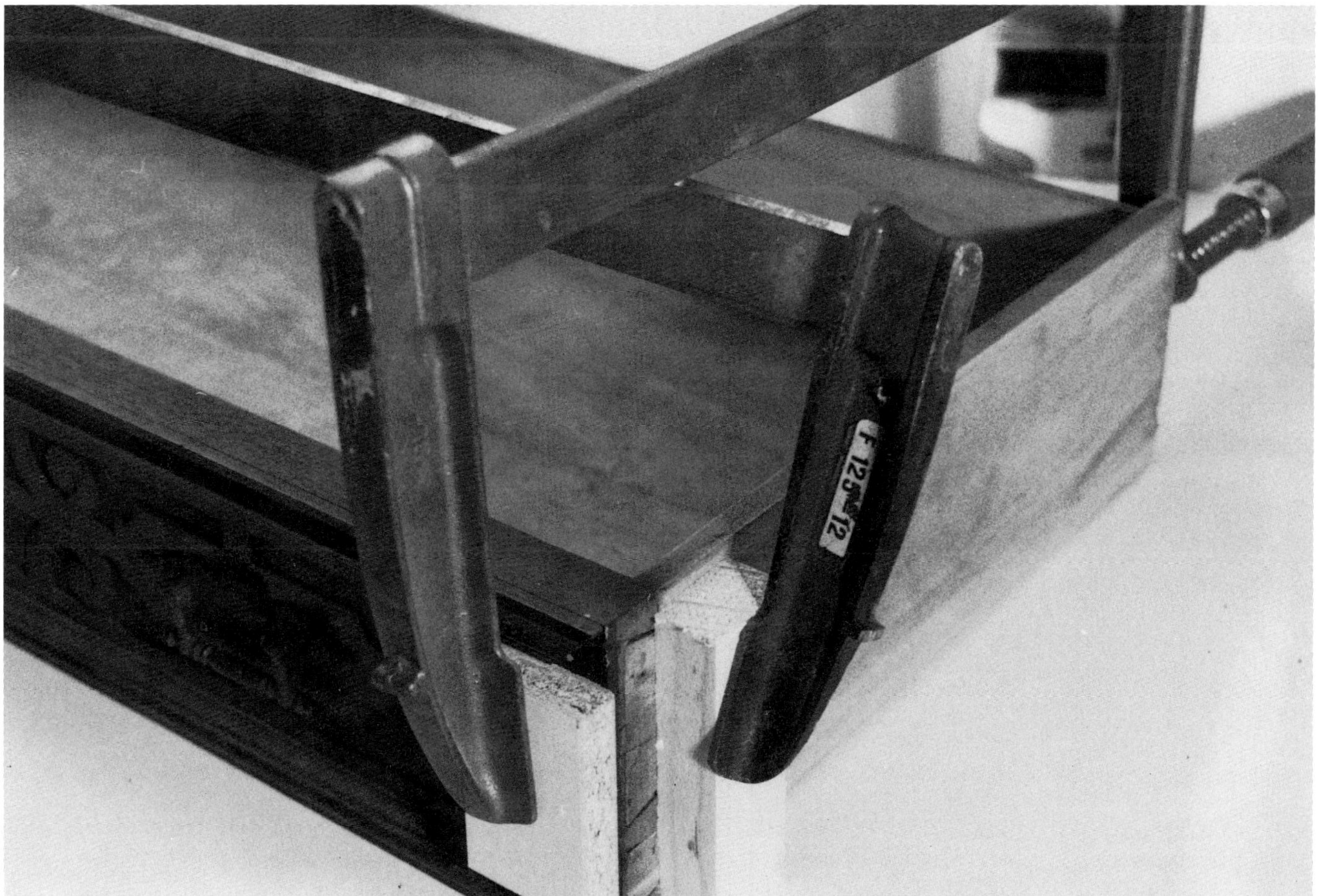

Führungen und Sicherungen

Der klassische Schubkasten wird von Lauf-, Streich- und Kippleisten geführt. Die Leisten sind oft als Rahmen gearbeitet und haben den Zweck, den Kasten zu tragen, zu führen und gegen Kippen zu sichern.

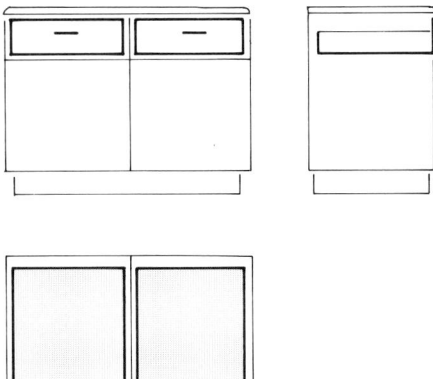

Die Streichleiste gibt der Schublade die seitliche Führung. Durch große Beanspruchung oder durch Werfen des Holzes kann sie sich lösen, und der Kasten verkantet.

Mit einer Leiste als Unterlage, um den Druck der Zwinge zu verteilen, leimen wir sie wieder im Rahmen fest. Ist für das Ansetzen einer Zwinge seitlich nicht genug Platz, muß ggf. geschraubt werden, vielleicht sogar von unten durch den Laufrahmen.

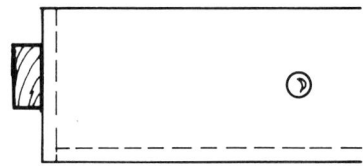

Laufleisten sind die Gleitflächen für die Schubkastenseiten. Kippleisten verhindern ein Kippen beim Herausziehen. Ist eine dieser Leisten „ausgefahren", so wackelt oder kippt die Schublade.

Wir fertigen aus Hartholz eine neue Leiste in denselben Abmessungen und bohren sie vor.
Die Leiste soll knapp bis an das Vorderstück heranreichen.

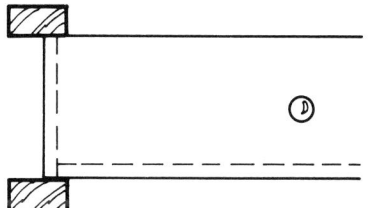

Beim Einschrauben ist besonders auf die waagerechte Lage zu achten.

Liegen mehrere Schubkästen übereinander, bildet die Unterkante des oberen Laufrahmens gleichzeitig die Kippleiste für die untere Schublade.

Beschädigte Knöpfe lassen sich nur selten reparieren. Das Nachdrechseln von Holzknöpfen ist teuer, manchmal versetzt man die erhaltengebliebenen in einer Region und ergänzt nur bereichsweise.

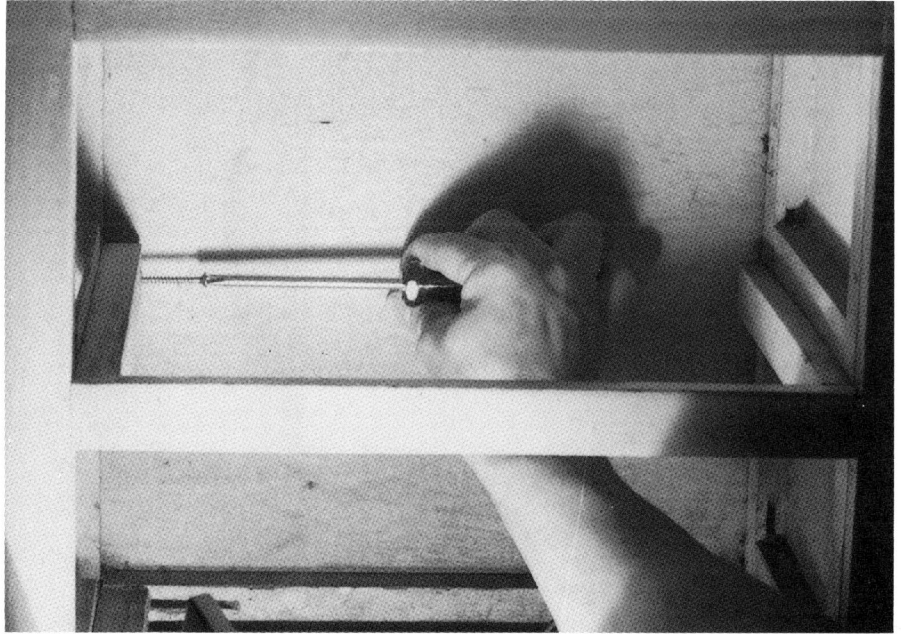

Rolläden: Montage und Stabverleimung

Rolläden bestehen aus Holzstäben, die in Nuten geführt werden. Auf ihrer Rückseite sind die Stäbe mit Jute oder Drillich beleimt. Diese Textilbahn wirkt wie viele Gelenke.

Der geöffnete Rolladen ist je nach Bauart in einer Schnecke unter dem Möbel aufgerollt oder läuft innen an der Rückseite hoch.

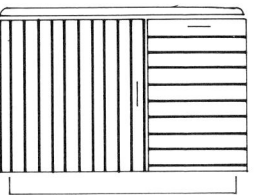
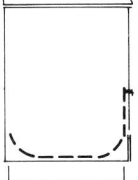

Ist die Textilbahn gerissen, so muß zunächst der Rolladen ausgebaut werden. An der Unter- bzw. Rückseite des Möbels befindet sich meist eine Öffnung, durch die der Rolladen herausgeführt werden kann.

Falls nicht vorhanden, kann sie mit Säge und Stecheisen leicht hergestellt werden. Man wählt hierbei einen möglichst kleinen Winkel zur Lauflinie, um ein Verkanten zu vermeiden. Jetzt kann der Rolladen leicht herausgezogen werden.

Auf die Stäbe des herausgezogenen Rolladens wird von hinten ein Textilstreifen geleimt. Am besten eignet sich ein elastischer Leim, der bei Bewegung des Rolladens nicht bricht. Wenn der Leim abgebunden hat, wird der Rolladen wieder eingeschoben.

Die vorher geöffneten Nuten müssen mit einer Leiste wieder geschlossen werden. Beim Einpassen ist besonders darauf zu achten, daß keine Überstände in die Nut ragen, da sie ein leichtes Laufen des Rolladens behindern würden.

Die Füllstücke können eingeleimt werden oder, um die nächste Reparatur zu erleichtern, mit jeweils zwei kleinen Schrauben befestigt werden.

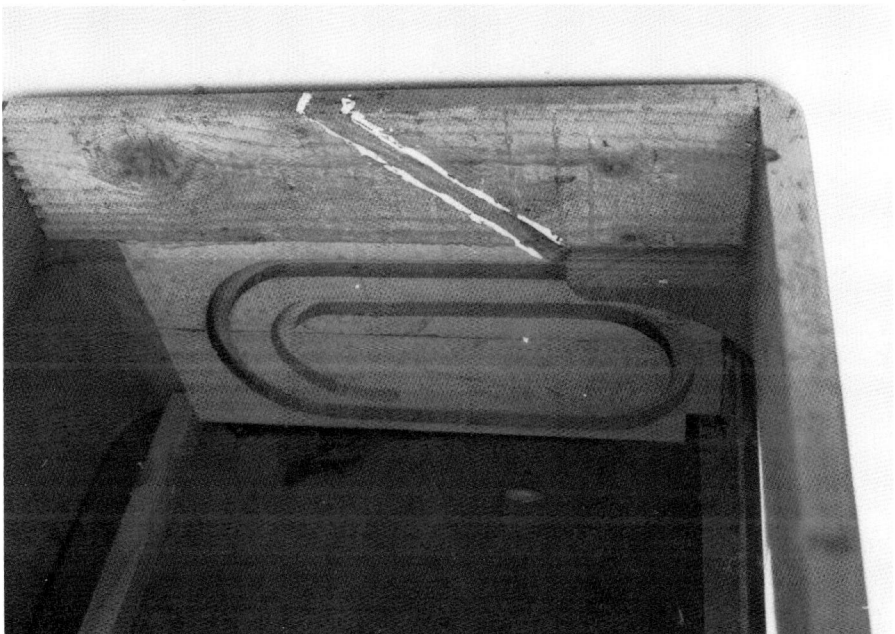

Türrahmen: Eckverband und Füllungen

Konstruktiv unterscheidet man volle Türen (aus Massivholz oder Plattenwerkstoff) von Türen, die auf Rahmen und Füllung gearbeitet sind. Für die einzelnen Türanschläge und Verschlüsse gibt es unterschiedliche Beschläge.

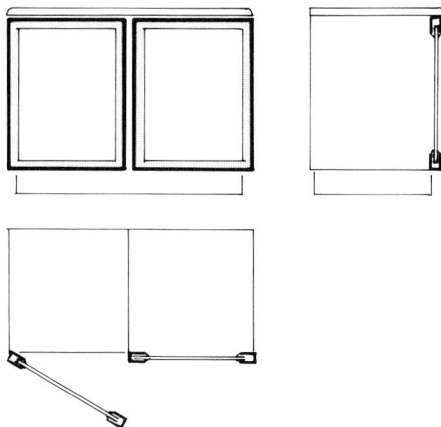

Die Rahmenecken sind gedübelt (s. Skizze) oder geschlitzt (s. Foto).

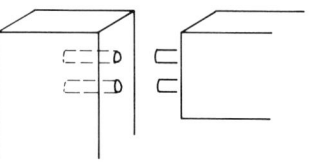

Hat sich eine solche Verbindung gelöst, so muß sie gedübelt oder neu verleimt werden. Um hierbei auf die Rechtwinkligkeit zu achten, sind die Diagonalen zu messen.

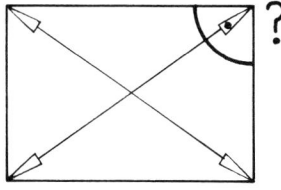

Füllungen sind in den Rahmen eingenutet oder werden in Falze eingelegt und durch Leisten gehalten.
Bevor man Füllungen wiederherstellt, sollte man in Erwägung ziehen, ob diese durch ein anderes Material z.B. Glas ausgetauscht werden sollten.

Soll eine Füllung repariert oder ausgewechselt werden, kann die Nut im Rahmen mit dem Stecheisen geöffnet werden. Vorher die Kante anreißen!

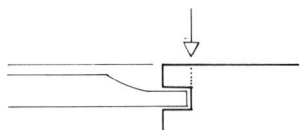

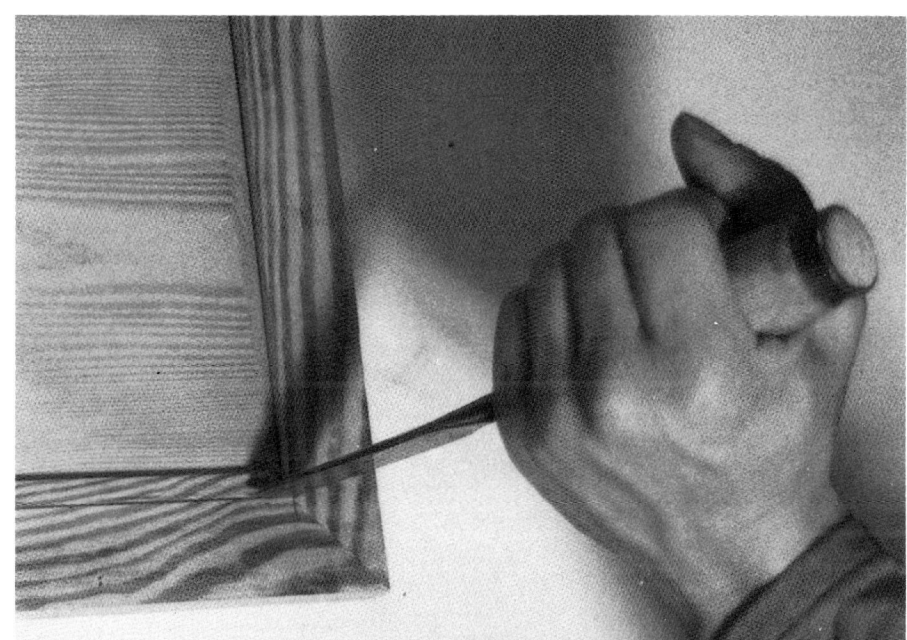

Zum Befestigen der reparierten oder neuen Füllung werden Leisten eingenagelt.

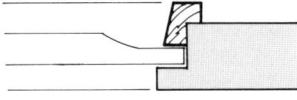

Die sog. Füllungsstäbe sind ausgefälzt, greifen also über die Rahmenkante – das ergibt einen sauberen Anschluß. Glatte Rahmen können ebenfalls Füllungen aufnehmen z.B. durch Aufdicken von Brettchen oder Sperrholzplatten. Auch das Einlegen ist möglich, wenn man statt einer Leiste zwei verwendet.

Türbänder: stückweise und durchlaufend

Bänder sind Beschläge, die eine Drehtür oder Klappe mit dem Möbel beweglich verbinden. Sie gibt es
a) stückweise, z.B. Topfscharnier, Einbohrband, Lappenband;
b) durchlaufend, z.B. Stangenscharnier (= Klavierband).
Scharniere sind im Gegensatz zu Bändern nicht aushängbar.

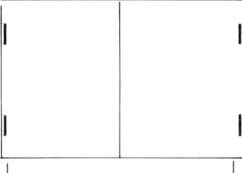

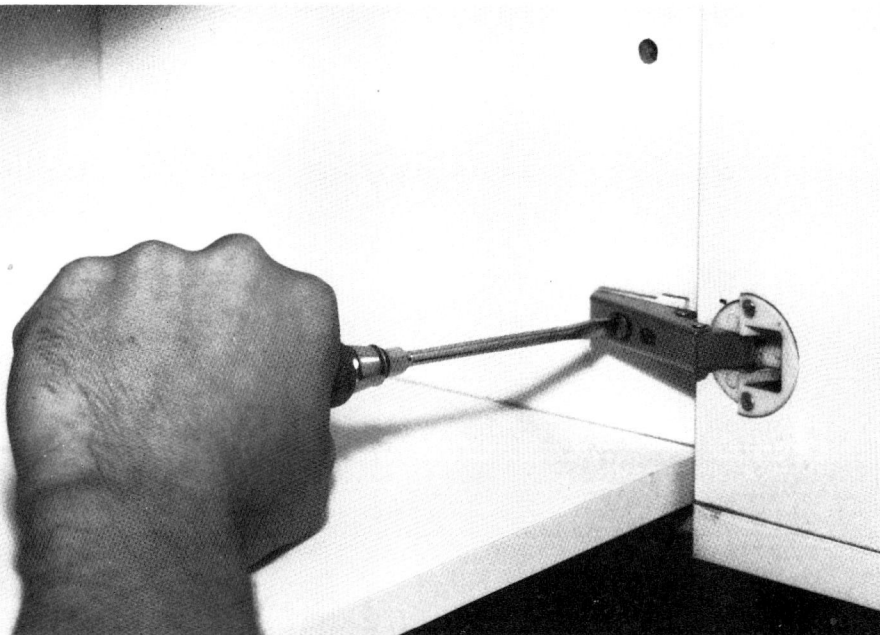

Topfscharniere finden wir meist in Küchenschränken. Sie sind im Korpusinneren auf Montageplatten befestigt. Auch nachträglich sind sie verstellbar, schief hängende Türen können also neu justiert werden.

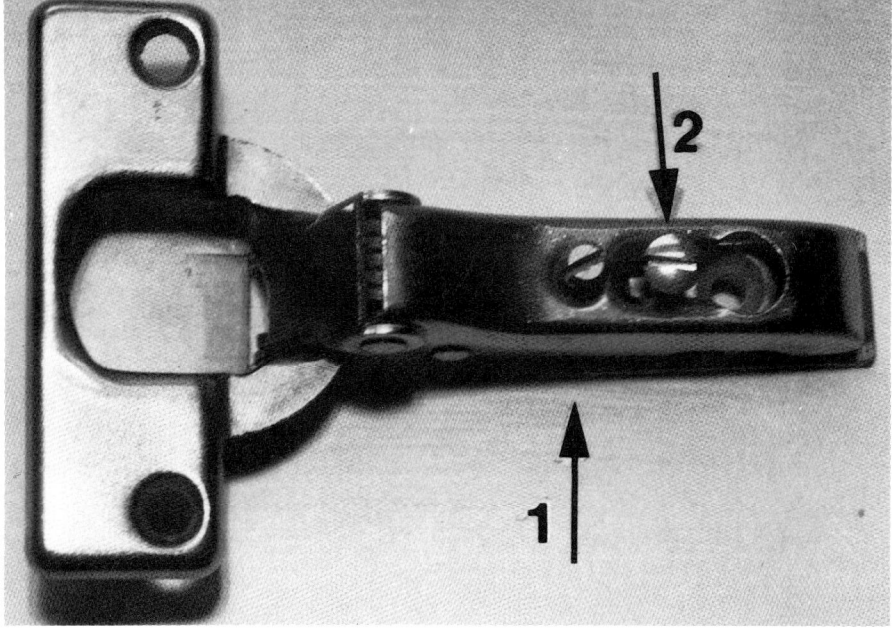

Schraube 1 dient dem seitlichen Verstellen, Schraube 2 dem Verstellen nach vorne und hinten.
immer gut passende Schraubenzieher
In der Höhe ist ein solches Topfscharnier nicht nachzustellen.
Zum Nachziehen von Schrauben sind immer gut passende Schraubenzieher (Dreher) zu verwenden, denn ausgebrochene Schraubenschlitze machen den Schaden nur noch größer.

Ein Band (hier Klavierband) kann bei zu hoher oder falscher Beanspruchung ausreißen, die Tür hängt schief. Um den Schaden zu beheben, wird zunächst das Band von innen losgeschraubt.
Bevor jedoch ein Band wieder festgeschraubt wird, sollte man prüfen, ob dieses nicht verbogen oder ausgeleiert ist, dann ist es in jedem Fall zu ersetzen.

Mit einem Stecheisen spalten wir von einem Stück Massivholz kleine Stifte ab. Sie sollen so groß sein, daß sie mit etwas Leim unter leichten Hammerschlägen in die ausgerissenen Schraubenlöcher getrieben werden können.

Auf diese Art füllen wir alle Löcher in Tür und Korpus aus. Wenn der Leim abgebunden hat, werden die Überstände der Holzteile abgeschnitten. Jetzt können Schrauben neu eingesetzt werden.

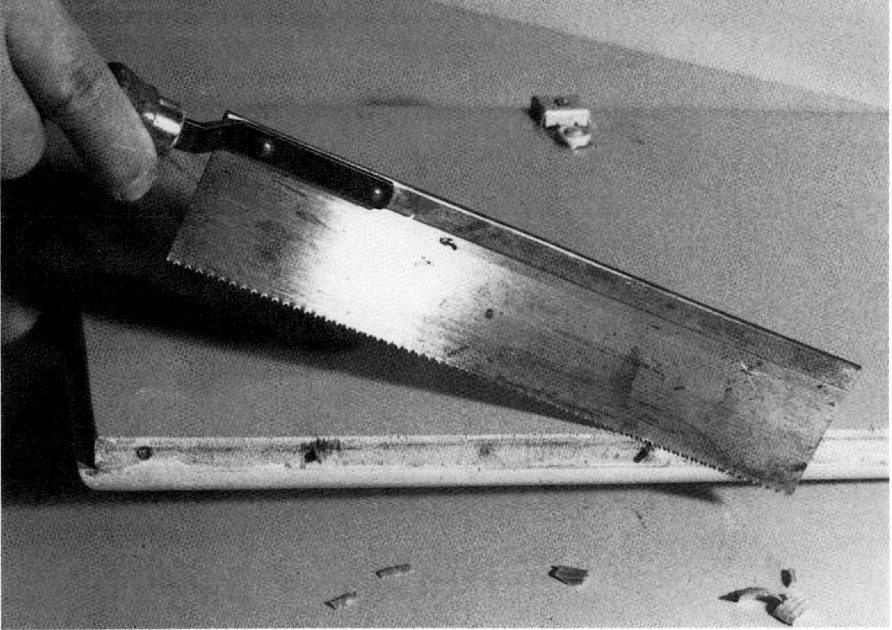

Zapfenbandtüren ausbauen und instandsetzen

Das Zapfenband ist ein sehr alter Beschlag. Wir finden ihn sowohl bei Drehtüren als auch häufig bei Klappen. Zapfenbänder sind in der Möbelfront nicht sichtbar, weil die Beschlagteile oben und unten in die Tür und den Korpus eingelassen sind.

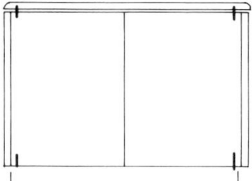 

Wenn ein Zapfen ausgerissen ist, hängt die Tür.
Um den Schaden zu beheben, müssen wir zunächst die Tür ausbauen.

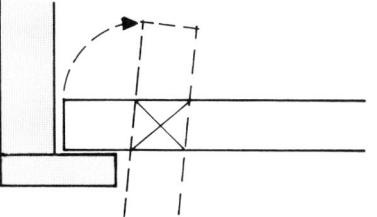

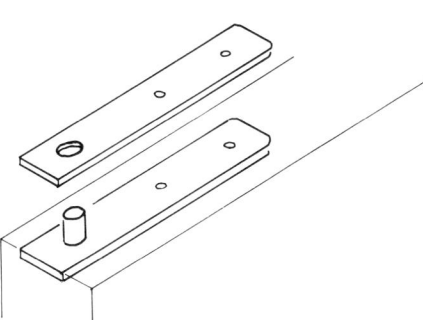

Hierzu schrauben wir das Beschlagteil an der Türunterkante los. Das ist das Beschlagteil mit dem Zapfen (s. Skizze oben).
Zu diesem Zweck wird das Möbel am besten auf die Rückwand gekippt.
In geöffnetem Zustand der Tür wird dann das verdecktliegende Band sichtbar.

Jetzt läßt sich die Tür zuerst unten herausziehen und dann oben ganz ausheben. Das Foto zeigt die Tür von unten, das Möbel ist nach hinten gekippt.

Eingerissene Holzteile bzw. lose Verbindungen werden dünn mit Leim bestrichen. Beim Ansetzen der Zwingen die Unterlegklötze nicht vergessen! Um ein Festleimen der unterlegten Klötze zu vermeiden, ist es ratsam, Papier zwischen die Teile zu legen. Dieses spaltet sich, wenn es zur Haftung kommt, die Papierreste lassen sich dann vom Werkstück mit warmen Wasser ablösen.

Sind die Schraublöcher ausgeleiert, werden sie mit kleinen Holzpfropfen ausgeleimt. Die Tür wird jetzt oben wieder eingehängt, das untere Beschlagteil in die Aushebung geschoben und festgeschraubt.

Riegel und Schlösser einbauen und ergänzen

Schließbeschläge halten Türen, Klappen oder auch Schubläden geschlossen, als Sicherung gegen selbsttätiges und unbefugtes Öffnen. Werden verschlossene Möbelteile aus irgendeinem Grund mit Gewalt geöffnet, bleiben in der Regel Schäden am Holz zurück. Ähnliche Schäden entstehen auch durch Abnutzung und Überbelastung.

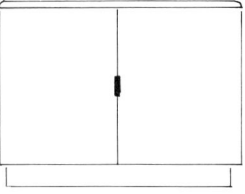

Für Schubriegel ist in manchen Möbeln nur ein Loch im Holz des Bodenteils vorgesehen. Dieses franst gerne unschön aus und hält den Riegel dann nicht mehr fest.

Ein Schließblech wird mit Hilfe eines Stecheisens bündig in den Boden eingelassen und verschraubt.
Diese Lösung wirkt optisch sauber und ermöglicht wieder ein festes Schließen. Ausgeleierte Riegel bereiten großen Ärger, sie fallen herunter und so werden die Bodenkanten schnell beschädigt. Die Federn lassen sich manchmal nachstellen, sonst ist der Riegel auszutauschen.

Werden Möbeltüren mit Einsteckschloß gewaltsam geöffnet, reißen sie oder brechen aus. Vor dem Verleimen nehmen wir das Schloß heraus, öffnen vorsichtig die Bruchstellen, um den Leim einzufügen, schieben das Schloß lose ein und setzen dann die Zwingen an.

Daß ein Schlüsselloch eines Möbels so aussieht wie im Foto rechts, kommt leider vor. Hier können wir mit wenigen Handgriffen viel verbessern und verschönern. Die Kratzer im Lack verschwinden, wenn wir etwas Klarlack aufsprühen.

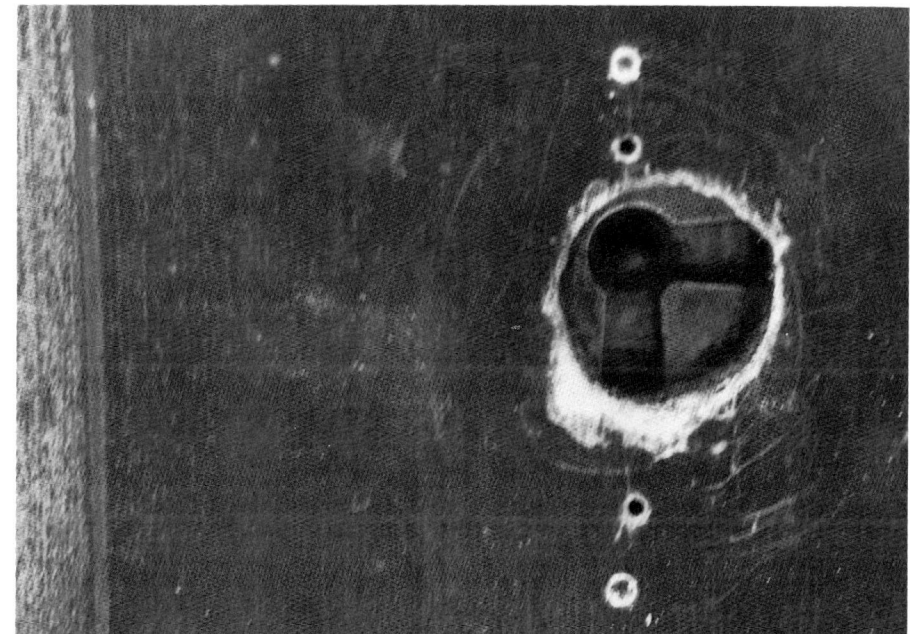

Das ausgefranste Loch wird mit einer aufgenagelten bzw. aufgeschraubten Blende verdeckt.
Der Beschlaghandel bietet sehr schöne und preiswerte sogenannte Schlüsselschilder an. Sicher läßt sich etwas Passendes finden.
Die Möbel werden so nicht nur repariert, sondern ggf. verbessert.

Stühle

Beine und Höhen ausgleichen

Ein häufiges und lästiges Übel sind wackelnde Stühle oder Tische. Die hier gezeigten Reparaturen sind bei allen Gestellen anwendbar und in Hartholz auszuführen. In der Regel ist anschließend eine Oberflächenbehandlung notwendig.

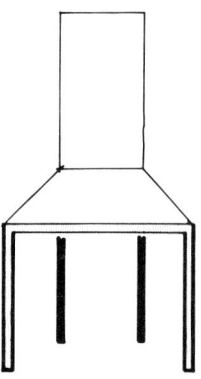

Ist ein Stuhlbein sehr beschädigt oder gebrochen, muß ein neues Stück angearbeitet werden.
Zuerst sägen wir mit einem Fuchsschwanz das gebrochene Bein so an, wie es das Foto zeigt.

Das Ersatzstück wird mit Säge und Stecheisen so in diese Form eingepaßt, daß die Maserung in derselben Richtung verläuft. Erst nach dem Verleimen wird das Bein auf die richtige Länge gekürzt. Die Schrägschnitte erhält man paßgenau, wenn man das neue Stück an der Überplattung provisorisch festklemmt und mit einer Säge die Stoßstellen nachschneidet.
Zuletzt wird das Holz in der Form angepaßt und mit Schleifpapier geglättet.

Befindet sich die Schadstelle sehr nahe am Beinende, sägen wir sie ab und ergänzen das Bein mit einem geraden Stück.

Für den Höhenausgleich drehen wir den Stuhl und legen eine Leiste mit parallelen Kanten über jeweils zwei Beine. Über die so gewonnene Verbindungslinie peilen wir die anderen Beine an und können so eine Höhendifferenz genau feststellen.

Jetzt schneiden wir ein in Durchmesser, Größe und Form passendes Stück Holz zu, am besten aus Sperrholz, kleben es vorerst auf und nageln es mit zwei dünnen Tapeziernägeln fest. Wird Vollholz eingesetzt, sind die Stifte vor dem Nageln zu stauchen – sie erhalten dazu einen Hammerschlag auf ihre Spitze – um einem Platzen vorzubeugen. Das Vorbohren der Nagellöcher ist eine andere Lösung dafür.

Sitze und Zargen verfestigen

Zargen und Füße sind durch Dübel oder Zapfen verbunden. Der Sitz ist oft nur auf die Zargen aufgeleimt, so daß nach der Reparatur schadhafter Zargenverbindungen in der Regel auch ein neues Befestigen des Sitzes erforderlich wird.

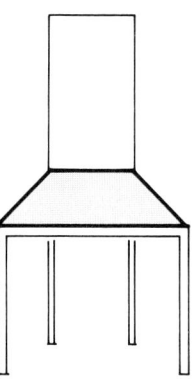

Sind Zapfenverbindungen lose, säubern wir zunächst Zapfen und Zapfenloch von altem Leim und Schmutz.
Dann kann neu verleimt werden. Das Öffnen der Verbände hängt ggf. davon ab, ob der Sitz mit der Stuhlzarge verbunden ist. Nicht selten beruht darauf die Stabilität des Gestells.

Ist das Zapfenloch ausgeleiert oder der Zapfen gebrochen, fertigen wir ein passendes Stück für das Zapfenloch und leimen es ein.
Der Zapfen wird am Ansatz abgeschnitten. Sind beide Stücke völlig plan, können wir dübeln.

Der Sitz hat u.a. die Aufgabe, die Ge-
stellverbindung auszusteifen. Eine man-
gelhafte Verbindung von Sitz und Zargen kann also ein Wackeln verursachen.

Eine wirkungsvolle Verstärkung von Sitz
und Zargen erreichen wir, indem
wir Holzklötzchen („Zargenklötze") an die
Unterseite des Sitzes und die Innenseite
der Zargen anleimen und nageln bzw.
schrauben.

Die Eckverbindung verstärken wir,
indem wir Winkelstücke aus Holz an die
Zargen anleimen. Die Paßgenauigkeit ist
ebenso wichtig wie die Beschaffenheit
der Leimflächen. Durch das Aussägen
zweier Ecken in der Diagonale und
durch Vorbohren wird ein zusätzliches
Verschrauben ermöglicht. Die Schrauben
haben so guten Sitz und können die
Leimflächen wirksam zusammenpressen.

Tische: Platten ausbessern

Tischplatten, in der Fachsprache „Blätter" genannt, bestehen heute aus abgesperrten Platten mit den unterschiedlichsten Oberflächen. Früher wurden sie ausschließlich aus massivem Holz hergestellt. Die Beine und Zargen bilden das Gestell, auf dem die Platte aufliegt.

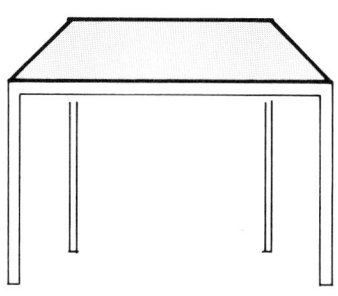

Bei diesem alten Küchentisch liegen an den Stirnenden gezapfte massive Bretter zwischen zwei eingezapften Randhölzern. Durch Holzschwund sind zwischen diesen Brettern große Fugen entstanden.

Leisten, auf die richtige Stärke gehobelt und dünn mit Leim bestrichen, werden in die Fugen getrieben. Wenn wir hierzu den Hammer gebrauchen, legen wir ein Holzstück unter. Zuletzt werden die Überstände gehobelt, bis wir eine plane Fläche erhalten.
Wenn die Platte naturbelassen bleibt, ist die Angleichung des einzuziehenden Holzes schon durch die Auswahl zu beachten. Splint- und Kernholz haben unterschiedliche Farben und die Fasern verlaufen entweder schlicht oder bewegt.

Sogenannte „Nutklötze" verbinden das massive Blatt mit den Zargen und erlauben gleichzeitig das Arbeiten des Holzes.

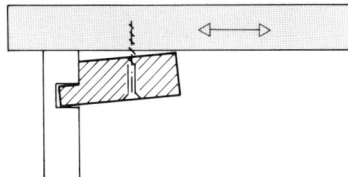

In der Zarge wird die Position des Zapfens so angerissen, daß zwischen Nutklotz und Platte etwas Luft bleibt (s. Skizze). Beim Ausstemmen der Nut mit dem Stecheisen ist darauf zu achten, daß die Zarge nicht durchstoßen wird.

Der vorgebohrte Nutklotz wird unter die Platte geleimt.
Die Schraube zieht das Blatt fest gegen die Zarge, aber die Bewegung der Platte quer zur Faser ist gewährleistet.
Die Anfertigung der Nutklötzer macht den Heimwerkern einige Mühe.
Sogenannte Tischklammern aus Metall sind den Klötzern im Prinzip nachgebildet und erfüllen den gleichen Zweck. Der Beschlaghandel bietet sie an.

Betten: Seiten und Verbindungen

Betten sind in der Regel zerlegbare Gestelle, d.h. die Kopf- und Fußteile werden mit den Seiten durch Beschläge verbunden. Am häufigsten werden dafür Haken und Buchsen, seltener Gewindebolzen eingesetzt. Die Bettseiten haben die Aufgabe, den Sprungfederrahmen zu tragen.

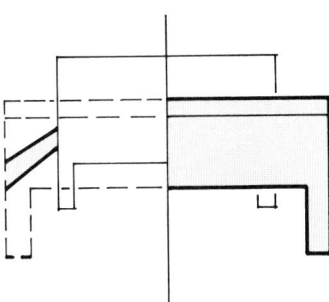

Einzelhaken, in die Bettseite eingeschraubt, können sich bei hoher Beanspruchung lockern, ganz herausfallen oder ausbrechen.

Wir füllen das zu große Loch aus, indem wir etwas Leim einstreichen und ein angespitztes Holzstück eintreiben. Wenn der Leim abgebunden hat, schneiden wir den Überstand ab, bohren mit einem kleinen Bohrer vor und schrauben den Haken in der richtigen Höhe wieder ein.

Manchmal ist es nötig, einen alten Federrost durch einen neuen zu ersetzen. Dabei kommt es häufig vor, daß dieser schmaler ist und deshalb seitlich nicht aufliegt.

Wir können ein Auflager schaffen, indem wir auf die inneren Bettseiten eine breite Leiste aufschrauben. Wir bohren die Schraubenlöcher vor und verwenden starke Schrauben in nicht zu großem Abstand.

Die Leisten können auch mit Eisenwinkeln an den Seiten befestigt werden. So verbinden wir auch lose Tragleisten wieder fest mit den Bettseiten.
Bei alten Bettgestellen stimmen oft weder Abmessungen noch Höhen mit den neuen Teilen oder Ansprüchen überein. Da empfiehlt sich doch eher Neukauf. Wohin aber mit den alten Stücken. Dazu ist Rat gegeben im vierten Kapitel unter dem Thema Umnutzung.

Einpassen von Flächen

Wenn Flächen in einen vorhandenen Rahmen o.ä. eingepaßt werden, sollte dies schrittweise erfolgen, besonders wenn es sich nicht um rechtwinklige Flächen mit unterschiedlichen Seitenlängen handelt.

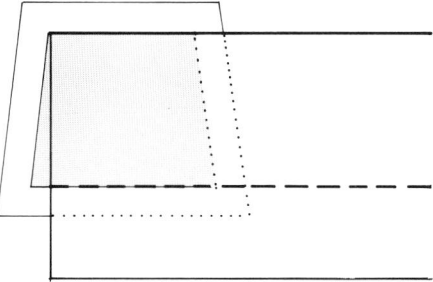

Bei einem Stuhl wurde das zerstörte Sitzgeflecht entfernt. Eine Sperrholzplatte soll statt dessen eingepaßt werden. Dazu säubern wir zunächst den Falz.

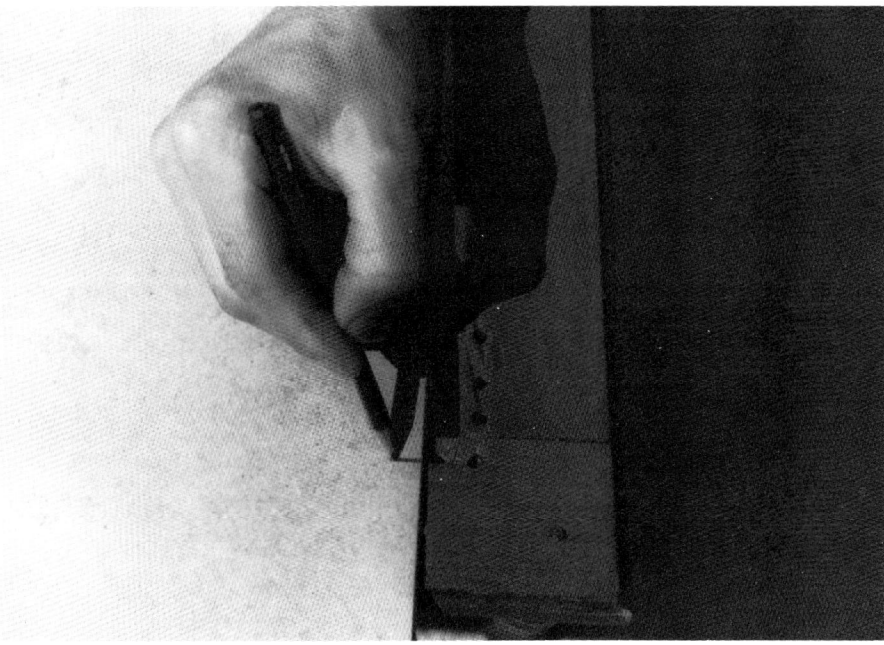

Die Platte wird an einer der parallelen Seiten angelegt, an der anderen wird die Sitztiefe markiert, dann parallel zugeschnitten.
Das Stuhlgestell bietet sich als Arbeitsfläche an. Besser ist es jedoch die Platte beim Zuschneiden fest einzuspannen.

Dieses in der Tiefe passende Stück legen wir ein und markieren an einer Leiste oder einem Lineal auf dem Sperrholz eine Parallele zur schrägen Rahmenseite.

Stimmt dieser Winkel nach dem Zuschneiden nicht ganz, wird er sofort korrigiert. Erst dann markieren wir auf der eingeschobenen Platte die letzte Seite, von den Eckpunkten ausgehend.

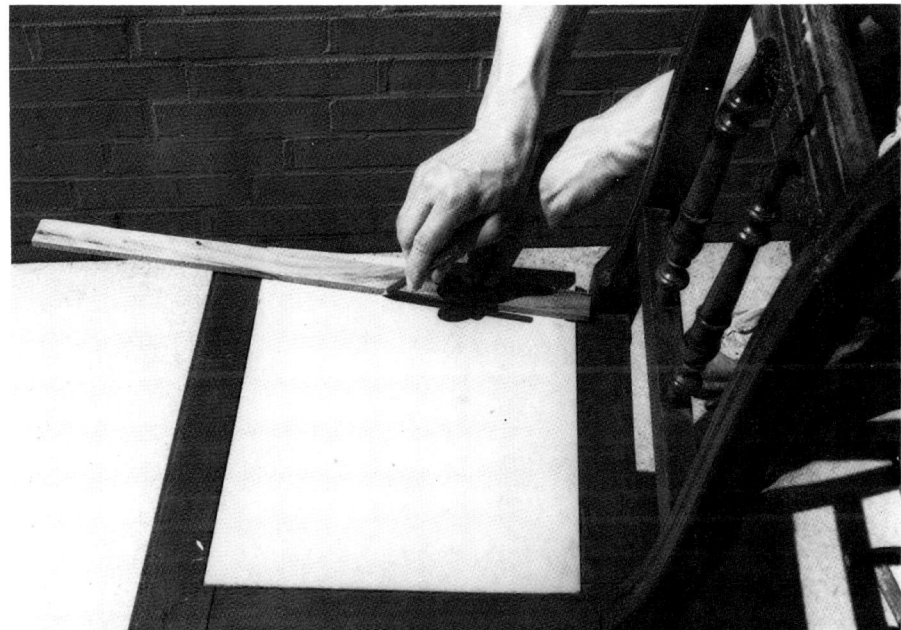

Paßt der Sitz genau, schleifen wir die Kanten leicht an, um ein Ausfransen oder Hängenbleiben zu verhindern. Zuletzt wird die Platte in den Falz geleimt.
Die Oberflächenbehandlung will zeitig bedacht werden. Ggf. ist die Sitzplatte vor dem Einlegen zu behandeln, zu beschichten oder zu beziehen.

Ergänzen von Kanten

Möbelkanten sind einer großen Belastung durch Stoß und Schlag ausgesetzt und tragen oft unansehnliche Schäden davon. Für den geübten Hobbyrestaurator ist es keine große Schwierigkeit, die Reparatur an solchen massiven Kanten vorzunehmen.
Bei furnierten Kanten s. Abschnitt „Furnieren von Kanten".

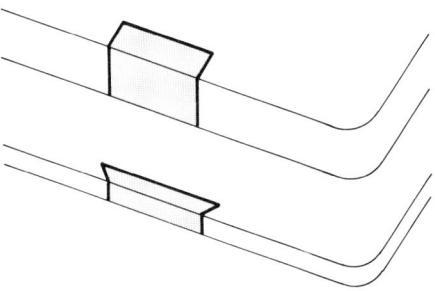

Sind die Schäden an der massiven Kante sehr groß, können sie nicht mehr nur durch Oberflächenbehandlung behoben werden. Hier ist ein neues Stück einzusetzen.

Mit der Rückensäge schneiden wir die Kante links und rechts der schadhaften Stelle ein. Genau senkrecht, damit der Schnitt oben und unten gleich tief geht. Das einzusetzende Stück kann von vorne eingebracht oder von oben bzw. unten eingeschoben werden, wie die Skizze oben zeigt.
Die erste Lösung fällt vielleicht weniger auf, die zweite ist auf jeden Fall haltbarer.

Mit Stecheisen und Stemmknüppel (oder Hammer) schlagen wir das beschädigte Stück parallel zur Kante heraus. Durch Nacharbeiten erhalten wir gerade und glatte Leimflächen.

Eine Holzleiste wird auf die passenden Maße gebracht, wobei Holzart und Maserung mit der Kante übereinstimmen sollen. Dann wird das Stück eingeleimt.

Mit dem Hobel wird das eingesetzte Stück dem vorhandenen Profil angepaßt und erhält mit etwas Sandpapier den „letzten Schliff". Schließlich wird es durch die entsprechende Oberflächenbehandlung im Farbton angeglichen. Die ganze Kante und nicht nur das Einsatzstück in die abschließende Oberflächenbehandlung miteinzubeziehen, ist immer besser, da die Farbangleichung grundlegender ist.

Verstärken von Böden oder Platten

Ein Verstärken von Möbelteilen wird notwendig, wenn sie aufgrund hoher Belastung durchhängen oder – bei Massivholz – sich werfen.
Eine solche Verstärkung kann gleichzeitig als Blende dienen.

Böden aus Spanplatten werden verstärkt, indem wir einen Streifen desselben Materials hochkant unter die Vorderkante leimen. Diese kann – falls noch nicht vorhanden – einen Vorleimer erhalten.

Massive Böden werden mit einer Verstärkungsleiste aus Massivholz versehen. Hochkant untergeleimt würde sie die Stabilität noch mehr erhöhen, aber nicht immer ist eine so breite Kante erwünscht oder aus Platzgründen möglich.
Das Ansetzen der Zwingen erfolgt am besten von einem Ende aus und nicht in der Mitte. So lassen sich auch nicht ganz ebene Leisten mit den Böden schnurgerade verbinden.

Verleimte massive Platten werfen sich aufgrund von Feuchtigkeitsänderungen. Als man noch keine Holzwerkstoffplatten herstellen konnte, wurden Schnittholzplatten d. h. breite Brettflächen durch eingearbeitete Gratleisten eben gehalten, Zeichenbretter sind ein Beispiel dafür.
Solch klassische Konstruktionen hier einzusetzen würde Heimwerker überfordern.

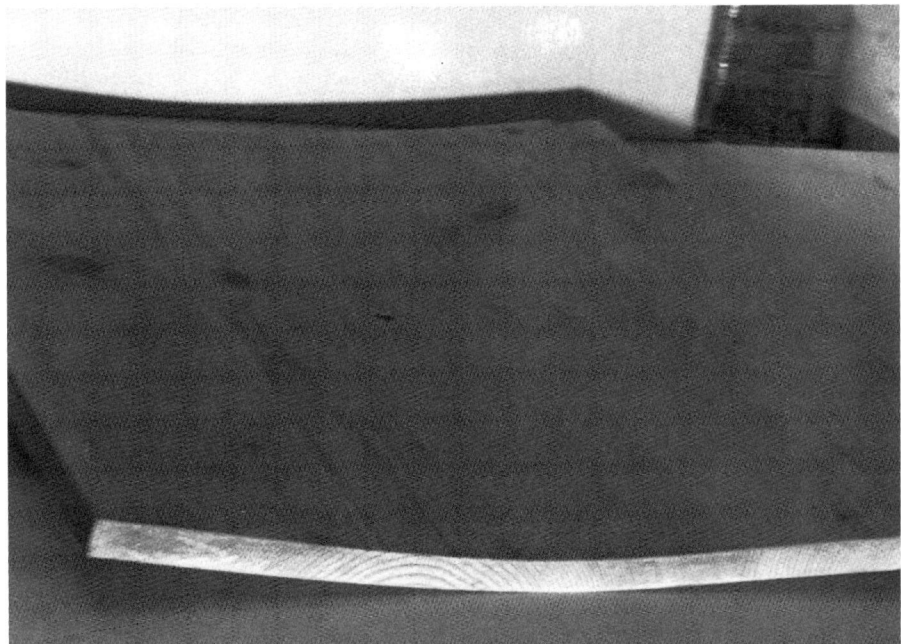

Durch untergeschraubte Leisten wird die Platte wieder ausgerichtet und stabilisiert. Die Fläche ist damit eben d. h. plan. Das Holz aber muß weiterhin arbeiten d. h. quellen und schwinden können. Das ist und bleibt eine technisch-physikalische Bedingung.

Langlöcher in den Leisten ermöglichen trotzdem das Arbeiten des Holzes und verhindern so ein Reißen.
Obwohl die Leisten relativ fest aufgeschraubt werden, ist die Kraft des Vollholzes bei diesen Breiten so groß, daß eine seitliche Ausdehnung eine hier gezeigte Langlochabmessung wenigstens an einem Ende der Leiste nötig werden läßt.

Ausbessern von Stoßstellen und Kratzern

Unpolierte Weichhölzer wie Kiefer zeigen eine hohe Anfälligkeit für Stoßstellen. Auf furnierten oder lackierten Oberflächen sind Kratzer und Risse kaum zu vermeiden.
Sind die Schäden nicht zu groß, können sie schnell und mit wenigen Hilfsmitteln repariert werden.

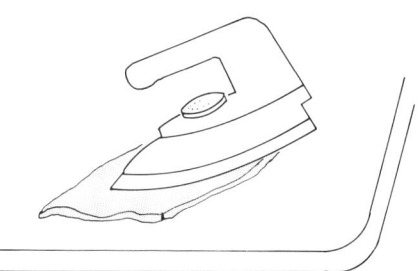

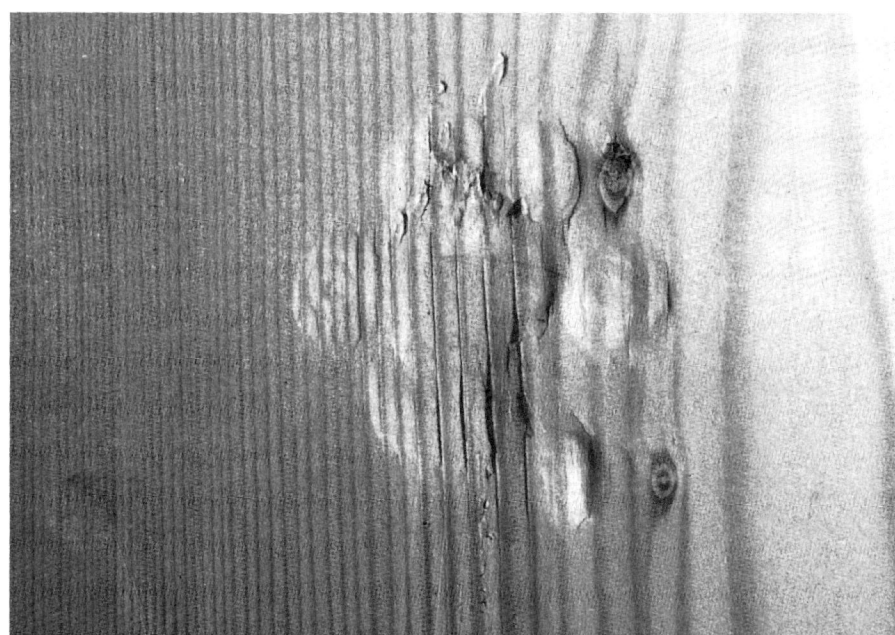

Bei Stoßverletzungen der Oberfläche von Vollholzmöbeln werden die Fasern stark zusammengedrückt. Dabei geht aber keine Substanz verloren, lediglich Volumen. Die Fasern müssen dazu gebracht werden, daß sie sich wieder ausdehnen.
Gepreßte Holzfasern lassen sich durch eine Feuchtigkeitsbehandlung wieder hochziehen. Dazu kann man entweder feuchtes Papier auflegen, was besonders bei frischen Verletzungen zu empfehlen ist. Bei länger zurückliegenden Verletzungen sollte man eine Dampfbehandlung durchführen.

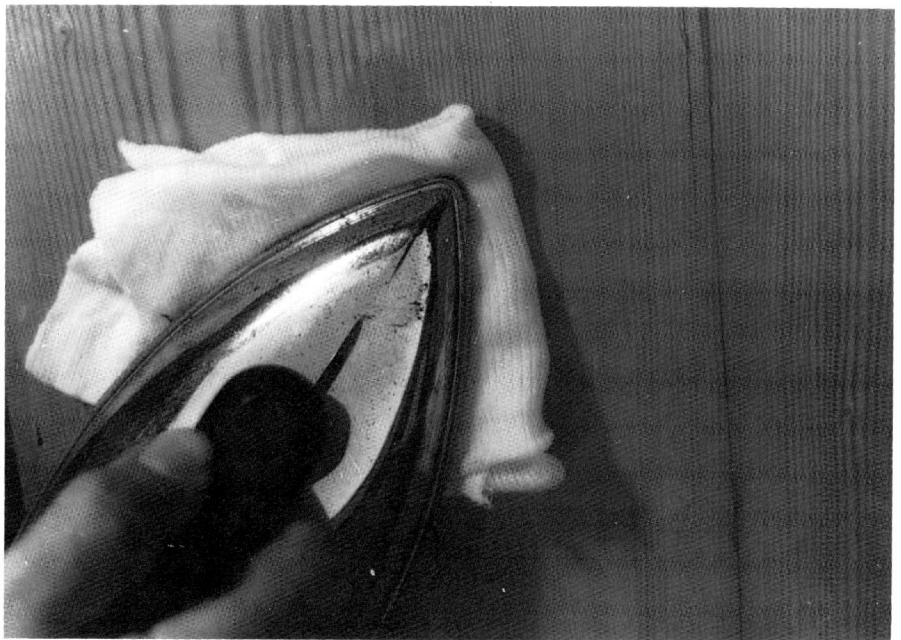

Wir drücken ein heißes Bügeleisen auf die mit einem feuchten Tuch bedeckte Stelle. Dadurch stehen die Holzfasern auf. Nach dem Trocknen schleifen wir die Stelle mit Sandpapier nach.
Falls nötig, wird die Behandlung wiederholt.

Feine Kratzer im Lack verschwinden meist durch Aufsprühen von Möbel-Klarlack.

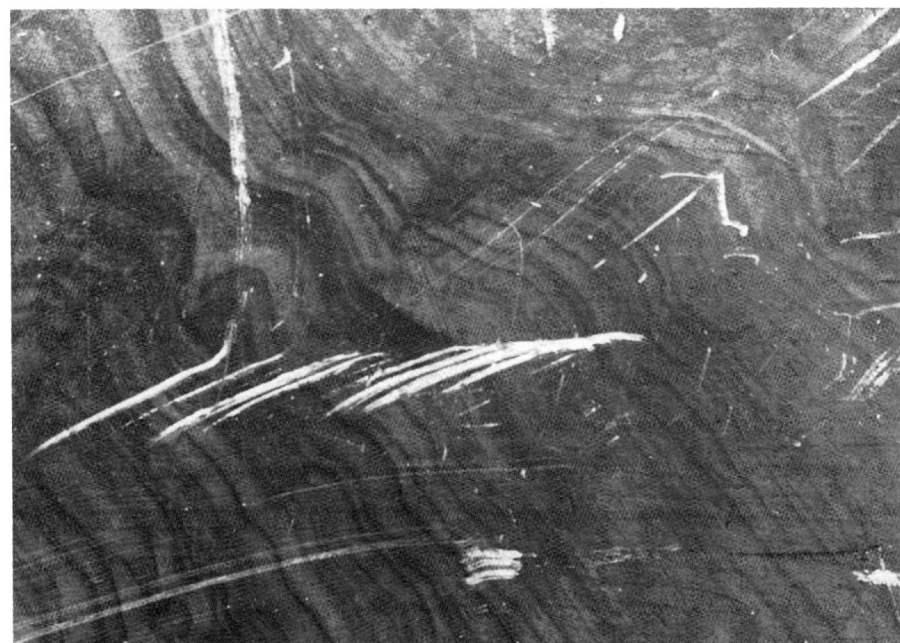

Kleine Risse und tiefere Kratzer können mit etwas feiner Stahlwolle eingeebnet werden.

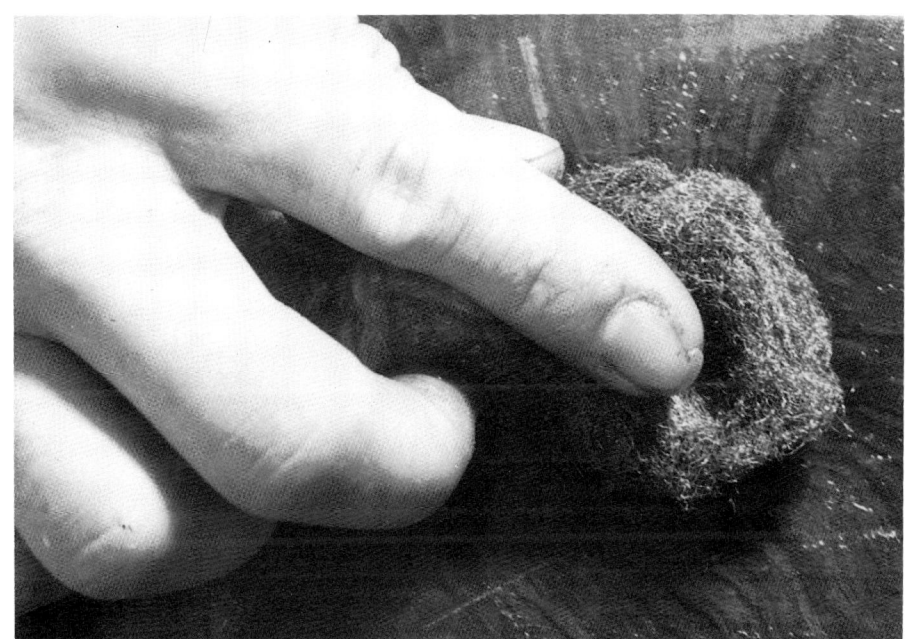

Tiefe Risse werden mit Holzwachs ausgefüllt, das in unterschiedlichen Farbnuancen erhältlich ist.
Auch Schuhcreme von wachsartiger Qualität kann ein wirksames Mittel sein.

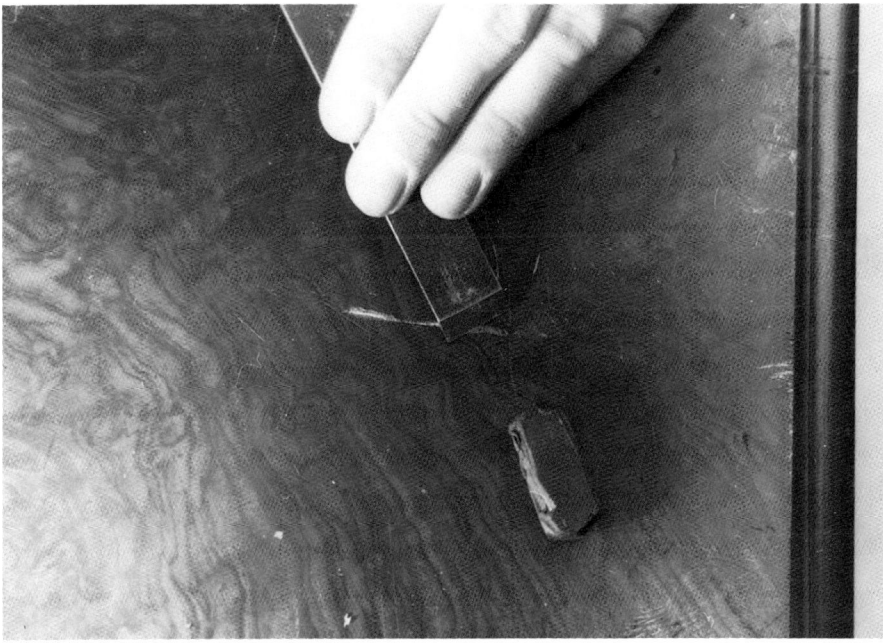

Entfernen von Brand- und Wasserflecken

Nach der Reparatur den Farbton des Möbels genau zu treffen ist das Hauptproblem und erfordert Übung. Beizen lassen sich zwar mischen, verändern aber ihren Farbton beim Trocknen und späteren Lackieren. Es ist deshalb vernünftig, zunächst an einem unsichtbaren Teil des Möbels die Farbangleichung zu probieren.

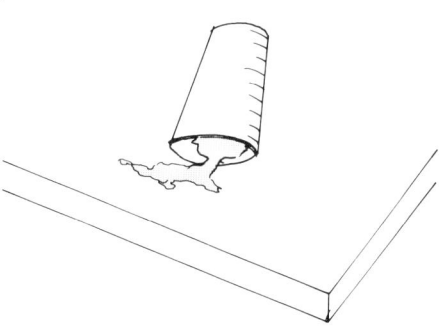

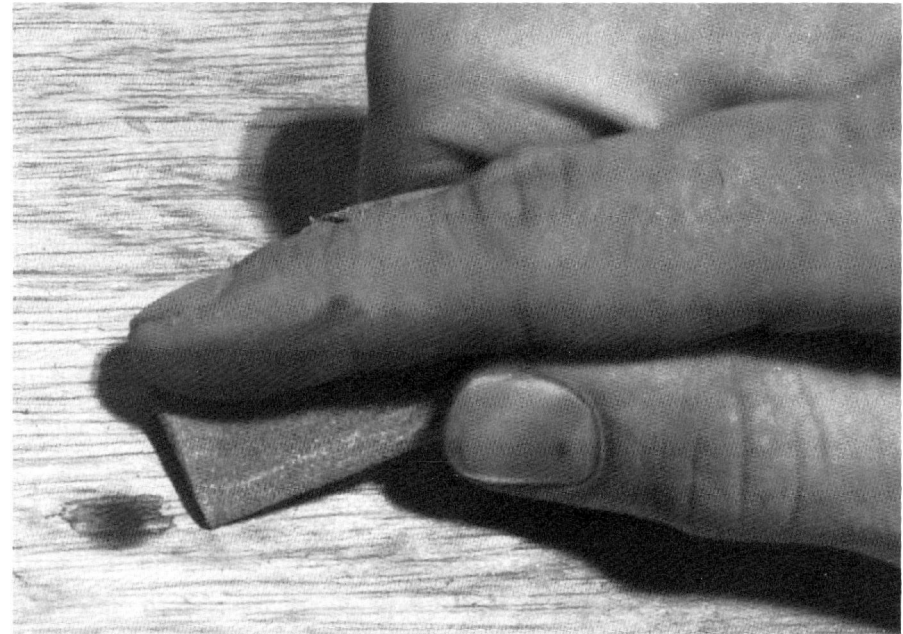

Flache Brandstellen, z.B. durch Zigaretten verursacht, werden mit Sandpapier so tief ausgeschliffen, bis kein dunkler Fleck mehr erkennbar ist.

Die Farbanpassung kann bei kleinen Stellen mit Hilfe von Tuschkasten oder Gemäldeölfarben vorgenommen werden, wobei wir die Farben so anmischen, daß wir den gewünschten Ton erhalten. Die abschließende Oberflächenbehandlung ist mit Klarlack am einfachsten, wenn dieser aufgesprüht wird, wobei es besser ist diesen mehrlagig dünn, als einmal dick aufzutragen.

Wasser hinterläßt auf Holz unschöne Flecken. Es ist vorteilhaft, die ganze Fläche zu behandeln, um keine Ränder entstehen zu lassen.

Zunächst schleifen wir mit Glaspapier den Lack ab, dabei muß man immer die Faserrichtung einhalten, auch ist zu viel Druck zu vermeiden.

Eine passende Beize wird mit dem Pinsel aufgetragen, und zwar auf dem beschädigten Holz etwas dicker als auf der übrigen Fläche. Bei vertikalen Flächen z.B. Schrankseiten beginnt man mit dem Beizen unten, da Spritzer aus dem oberen Bereich dann auf die noch feuchten Stellen treffen und so nicht auffallen. Ist die Beize ganz trocken, wird Klarlack aufgesprüht.

Furnieren von Kanten

Die einfachste Art, Kanten zu erneuern, ist das Furnieren, da es hierfür selbsthaftende Vorleimer in den verschiedensten Holzarten gibt.

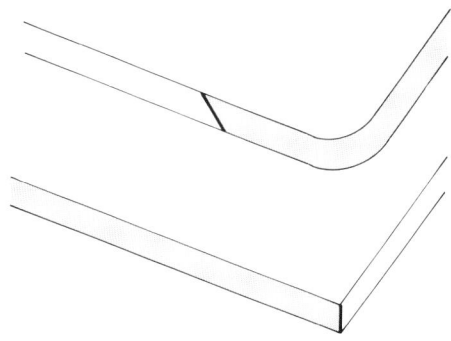

Zum Furnieren benötigen wir folgendes Werkzeug:
– zum Messen und Markieren –
- Winkelmaß,
- Bleistift,
- Teppich- oder Profilmesser,
- Schmiege (verstellbarer Winkel);

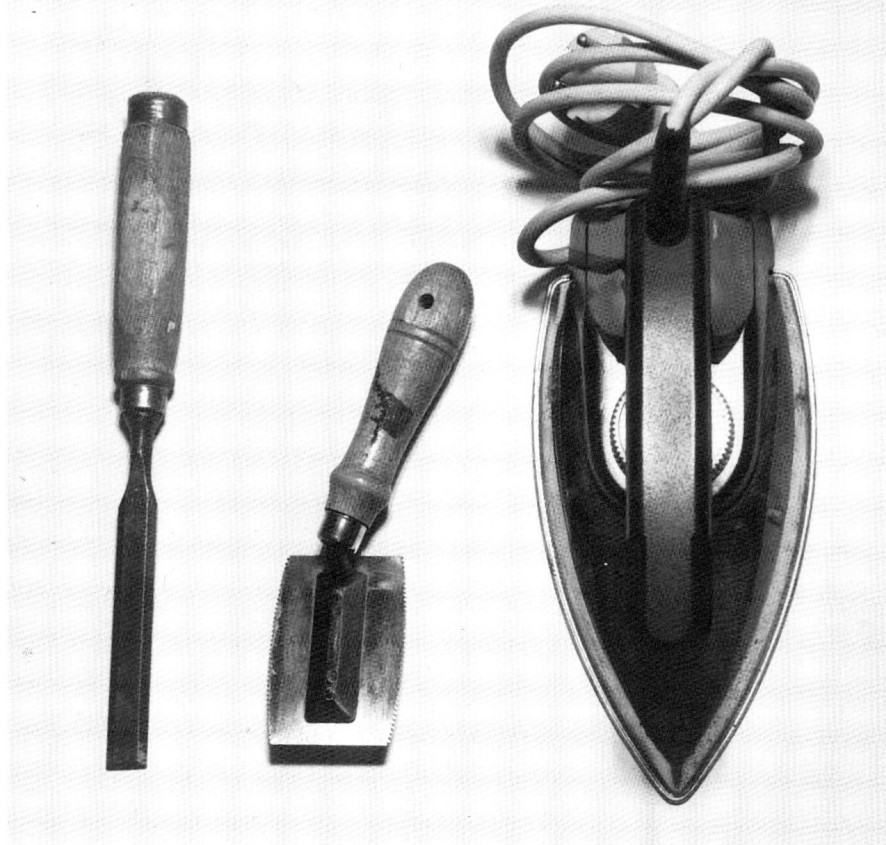

– zum Ablösen und Zuschneiden –
- Stecheisen,
- Furniersäge,
- Bügeleisen,
- Hobel.

Zum Aufbringen der Furnierkanten ist ein Bügeleisen ideal geeignet:
Erstens ist es in jedem Haushalt zur Hand, zweitens läßt sich die Wärme gut einstellen und gleichmäßig halten und es hat eine glatte Fläche zum Aufbügeln.

Um eine Kante neu zu furnieren, legen wir den selbstklebenden und zu breiten Vorleimer an einer Kante bündig auf. Ein warmes (nicht heißes) Bügeleisen wird solange darüber geführt, bis der Vorleimer fest haftet.

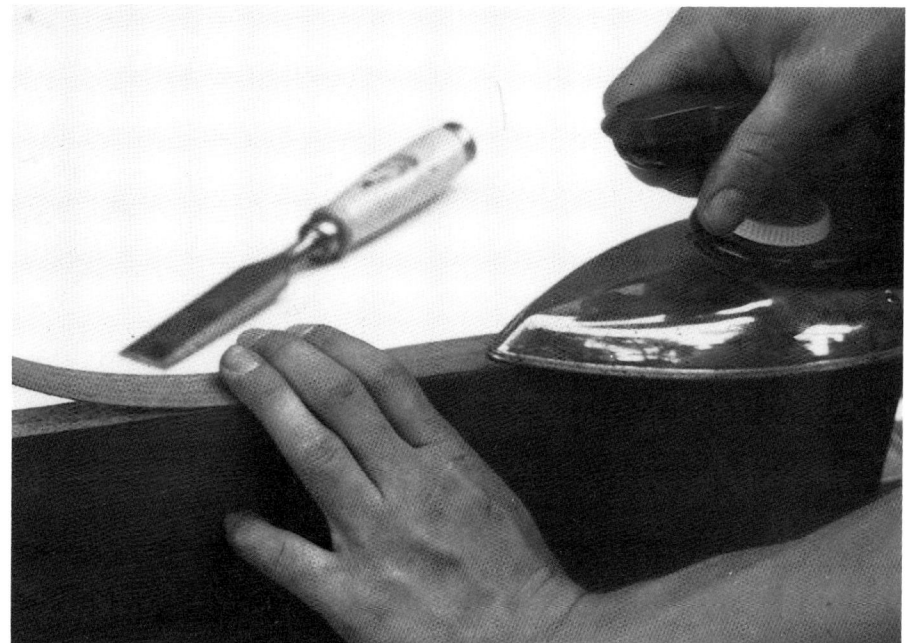

Anschließend wird das Furnier mit einem Schleifklotz o.ä. fest angedrückt. Bläschen in vorhandenem Furnier können so mit Wärme und durch Andrücken beseitigt werden.
Ein Schleifklotz ist unbedingt nötig, wenn man fachgerecht ebene Möbelteile schleifen will, selbst für schmale Kanten. Zur Selbstanfertigung ist ein Holzklotz mit Korksohle zu empfehlen.

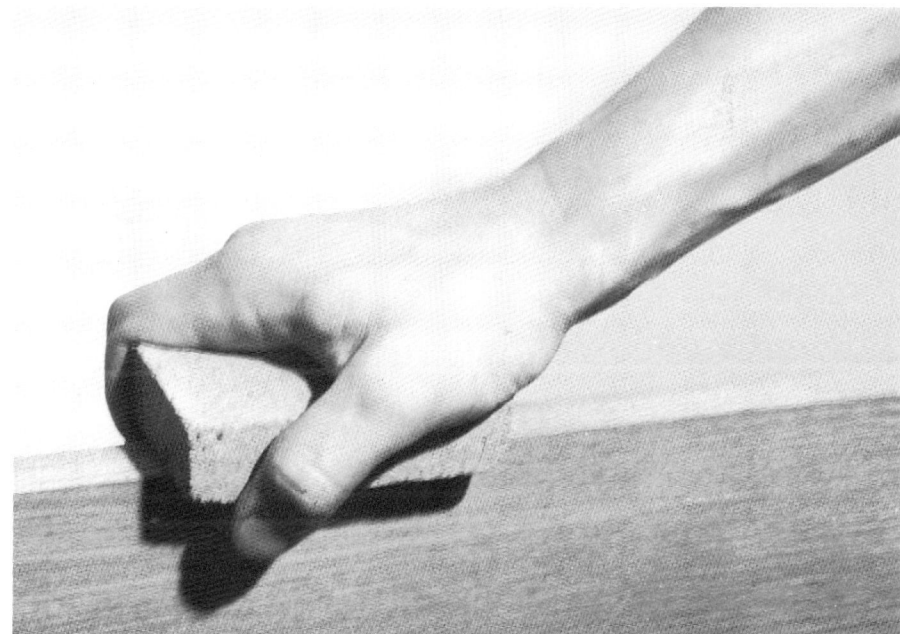

Zuletzt wird der Überstand mit einem Stecheisen abgetrennt. Dieses wird flach am Holz entlang geführt, um die Kante nicht zu beschädigen.

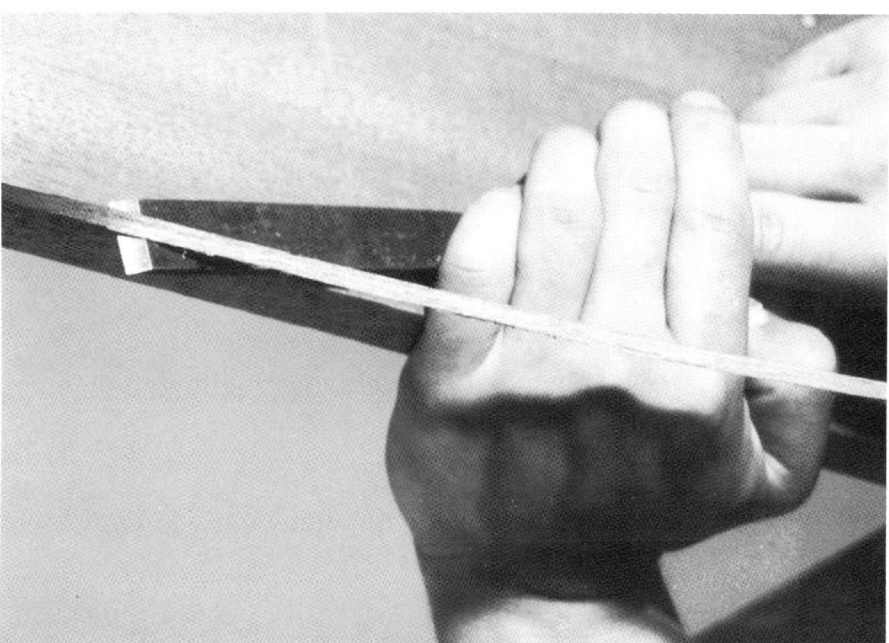

Furnieren
von Flächen

Dies ist zwar etwas schwieriger als das Furnieren von Kanten, aber dennoch können einfache Beschädigungen an furnierten Oberflächen auch vom Hobbyrestaurator selbst repariert wer-

den. Bläschen werden, wenn sie nicht durch die Wärme eines Bügeleisens verschwinden, in ihrer ganzen Länge aufgeschnitten. Dann wird etwas Leim eingeschoben und die Stelle beschwert.

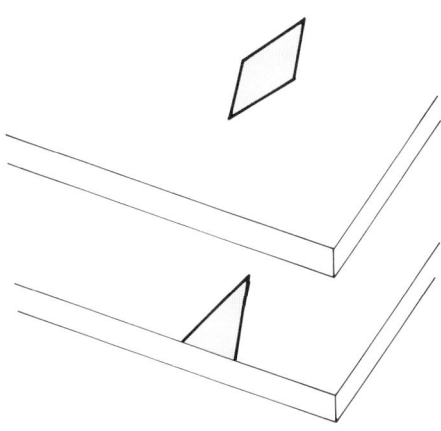

Bei größeren Schäden, z.B. durch Ausbrechen, muß ein ganzes Furnierstück ausgewechselt werden.
Die Schadstelle wird rautenförmig bzw. an Kanten halbrautenförmig markiert, so daß die Spitze in Furnierrichtung zeigt.

Mit der Furniersäge, die an einem festen Anschlag geführt wird (hier: Holzleiste mit Schraubzwinge befestigt), schneiden wir das Furnier entlang der Markierung ein.
Die Anschaffung einer Furniersäge für eine Einzelreparatur dürfte zu aufwendig sein.
Ein Sägemesser tut es auch. Es läßt sich leicht aus einem alten Messer selber herstellen, in das man mit einer Dreieckfeile Zähne einschleift und das Messer dann „abzieht", d.h. schärft.

Um das Furnier abzulösen, bedecken
wir die Stelle mit einem feuchten Tuch
und drücken etwa eine Minute lang ein
warmes Eisen auf. Dann lösen wir das
beschädigte Furnier mit dem Stecheisen
ab.

Das neue Furnier wird eingepaßt, wobei zu beachten ist, daß die Richtungen
der Maserungen übereinstimmen!
Bei komplizierten Formen kann auch
erst eine Papierschablone probeweise
eingepaßt werden.

Das passende Furnierstück wird nun
eingeleimt. Wenn der Leim abgebunden hat, wird das Furnier mit Glaspapier flächenbündig geschliffen.
Vor der Oberflächenbehandlung wird
auch das umgebende alte Furnier etwas
angeschliffen.

4 Möbel- umnutzungen

KLAUS PRACHT · ILSE SCHAARSCHMIDT

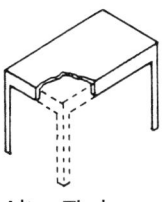 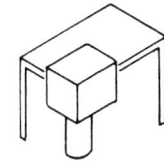

Alter Tisch = Schreibtisch

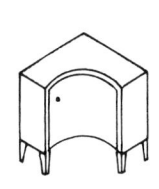 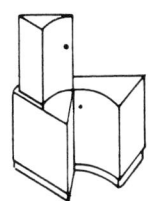

Schrankteile = Möbelobjekt

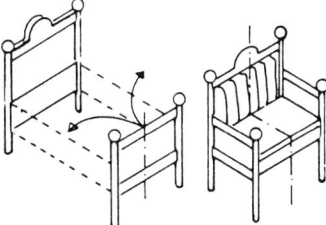 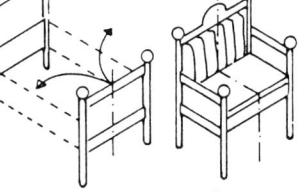

Bettenteile = Bank

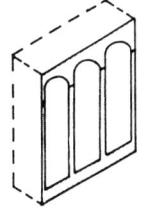 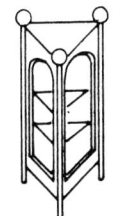

Schranktüren = Vitrine

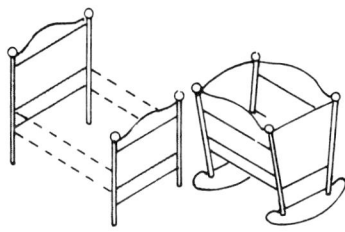

Betthäupter = Wiege

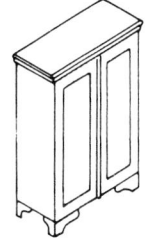 

Küchenschrank = Geschirrschrank

Einleitung

Alte Möbel, vor allem gute Stücke, gilt es zu erhalten. Häufig ist ihr Zustand jedoch so mangelhaft, daß eine kostspielige Reparatur notwendig wäre. Solche Stücke werden dann meist als Sperrmüll deklariert, ihr Verlust ist damit besiegelt.

Immer häufiger kommen vor allem junge Leute darauf, diese Möbel zu verwerten. Die Umnutzung alter Möbel ist damit ein aktuelles Thema. Stühle werden zu Tischen, Betten zu Bänken, Schranktüren zu Vitrinen.

Dieses Kapitel will im ersten Teil Ideen vermitteln und Anregungen für die Umnutzung von Möbeln oder die Verwertung von Möbelteilen geben. Der zweite Teil enthält allgemeine Hinweise, wie schlichte Kastenmöbel, die zwar noch brauchbar, im Aussehen aber langweilig sind, gestalterisch angereichert werden können.

Solche Steigerungsformen lassen sich am leichtesten am Modell entwickeln. Es wird aus Papier oder Pappe hergestellt und erlaubt es, sehr verschiedenartige Veränderungen auszuprobieren. Dabei gelangt man leicht zu überraschenden Lösungen.

Derartige Möbelerneuerungen und Umnutzungen können in vielen Fällen auch von Freizeithandwerkern geleistet werden. Der letzte Teil gibt daher konstruktive, praktische Hinweise, wie solche Arbeiten im einzelnen ausgeführt werden können.

Alte Möbel erneuern

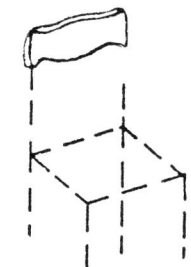

Stuhl = Tisch

Die Rückenlehnen alter Stühle, zu Bogen verschraubt, wurden im Verbund mit zwei gekoppelten Fußteilen zu Tischgestellen.
Die Beine und Zargen als Winkelstücke ergaben Gestelle für einen Couchtisch. Die Farbgestaltung spielt bei der Umnutzung der Stuhlteile eine große Rolle. Die Einzelelemente werden damit stärker verfremdet, ihre Umnutzung wird überzeugender.
(Design FH Hannover, Fachbereich Kunst und Design. Studenten Heike Buddenberg, Rolf Niehoff, Andrea Budzinski.)

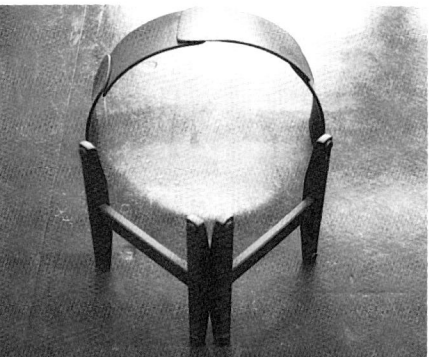

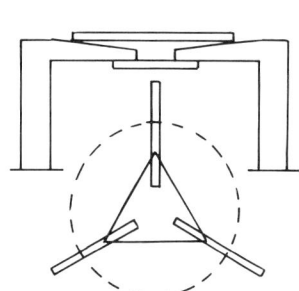

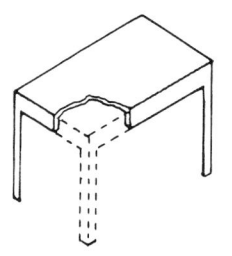
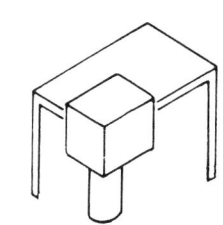

Küchentisch = Schreibtisch

Ein alter Tisch mit nur noch drei Beinen und einer fehlenden Tischplatte war Ausgangspunkt dieser Studie. Eine Reparatur in originalgetreuer Ergänzung der fehlenden Teile wurde als Möglichkeit ausgeschlossen, da es reine Imitation gewesen wäre. Ein Schreibtisch wurde aus dem alten Küchentisch. Die Tischplatte wurde rechtwinklig ausgeschnitten und erhielt einen Korpus, der auf einer Säule steht. Die Erschließung des Körpers erfolgt von vorn, von oben und von der Seite.

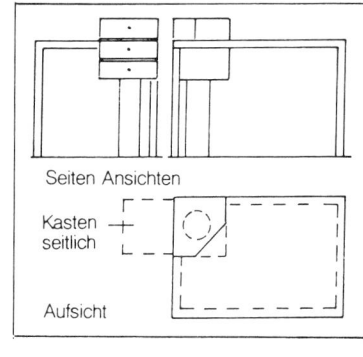

Seiten Ansichten

Kasten seitlich

Aufsicht

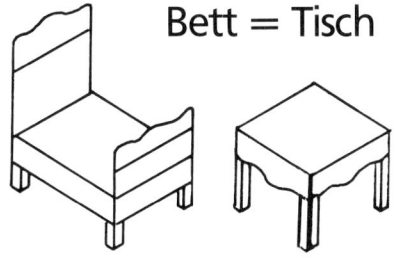

Bett = Tisch

Der Couchtisch hat außergewöhnliche Formen durch den Einsatz der Bettgestellteile. Die Pfostenenden sind gedrechselt, die Querzargen teilweise geschweift, sie wurden zur Aufnahme der geraden Tischplatte nach unten gedreht. (Design Gabriele Reichmann)

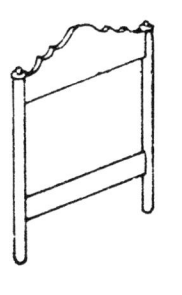
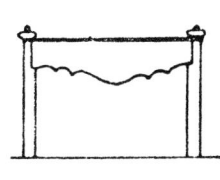
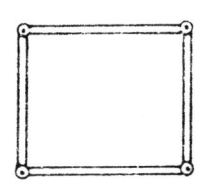
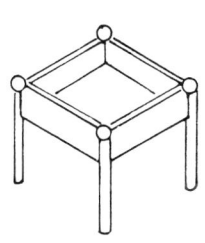

Einen Schaukastentisch aus den Bettteilen zu konstruieren ist ebenfalls denkbar. Statt der festen Tischplatte wird auf den umlaufenden Zargen eine Glasplatte so aufgelegt, daß sie sich leicht anheben läßt.

So sind Schaustücke darin schnell auswechselbar. Der Kasten kann sehr dekorativ auch mit Folien ausgeklebt bzw. auswechselbar ausgelegt werden.

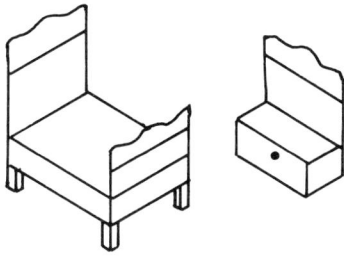

Bett = Hängeregal

Das Hängeregal wurde aus einem Betthaupt und Teilen der Bettseiten gearbeitet. Die Ablage kann z.B. einem Telefon als Abstellfläche dienen.
(Design FH Hannover, Fachbereich Kunst und Design. Studenten Andrea Sievert und Bodo Dreier.)

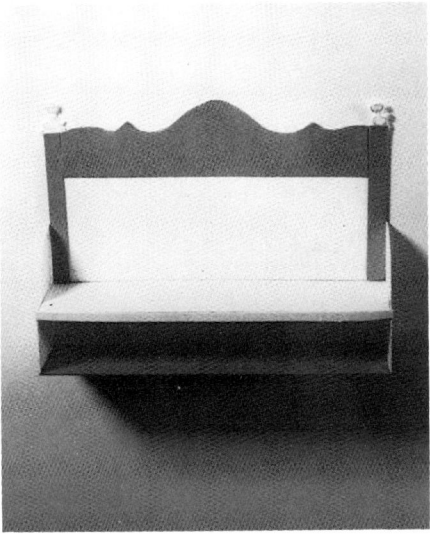

117

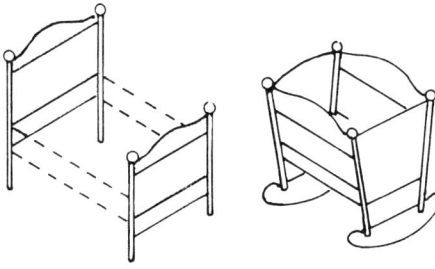

Bett = Wiege

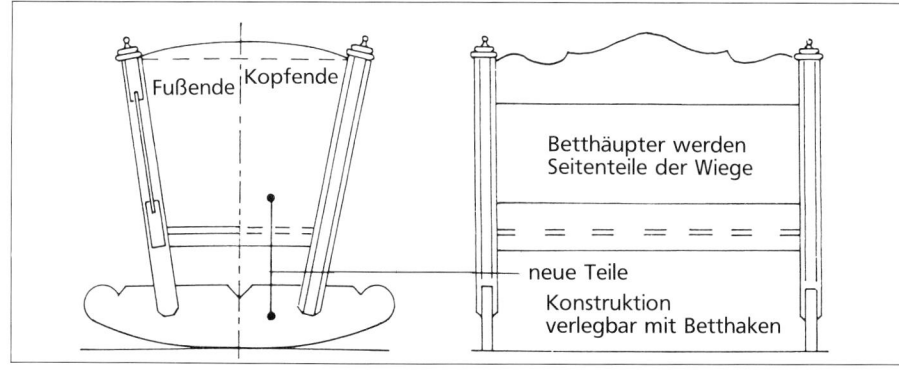

Eine Wiege wurde aus alten Betthäuptern gearbeitet. Die Bettseiten waren verlorengegangen, die Pfosten der Betthäupter unten abgeschnitten. Die Bettbreite reichte für die Wiegenlänge aus. So mußten die Häupter nur in der Höhe gekürzt werden.
Die Füllungen wurden schmaler geschnitten, die Zargen neu verdübelt.
(Design Klaus Pracht, Ausführung Ralf Gilge.)

Die Zerlegbarkeit der Wiege und damit die Möglichkeit der Einzelbearbeitung wird mit diesen Abbildungen demonstriert. Das neue Betthaupt ist an der oberen Kante geschweift und unterscheidet sich damit vom Fußende.
Die Wiege ist mit einfachen Betthaken zerlegbar und kann so, wenn sie nicht mehr gebraucht wird, platzsparend gelagert werden.

Alle neuen Teile wurden aus gestalterischen Gründen von den alten abgesetzt. Das Eschenholz kontrastiert mit den hellgestrichenen Teilen. Eine dekorative Endgestaltung der neuen Flächen kann je nach Geschmack erfolgen.

Bett = Bank

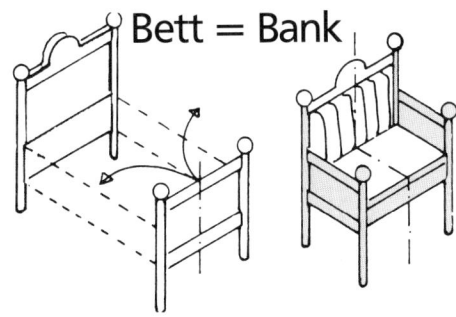

Eine Bank mit Polsterkissen wurde aus edel gestalteten Betthäuptern gebaut. Die Teile, gedrechselt und mahagoni furniert, waren zu schade zum Wegwerfen. Das niedrigere Bettende wurde in der Mitte ausgetrennt. Die beiden Teile dienen der Bank als Seitenlehne. (Design Klaus Pracht.)

Bett wird Bank

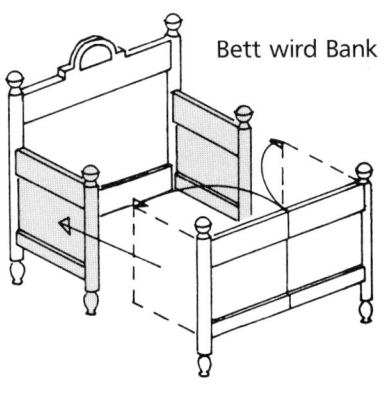

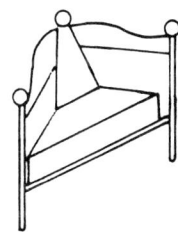

Die dreieckige Sitzbank wurde aus Betthäuptern gefertigt. Der Sitztiefe wegen wurden die Betthäupter verkürzt und an nur einem hinteren Bettpfosten angeschlossen. Der vierte Bettpfosten dient vorne als Querzarge unter dem Sitz.

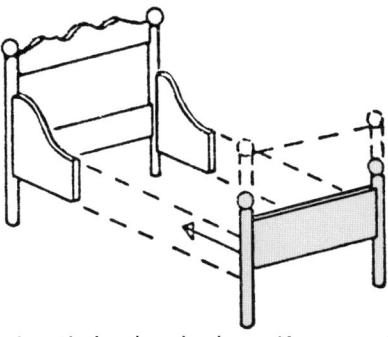

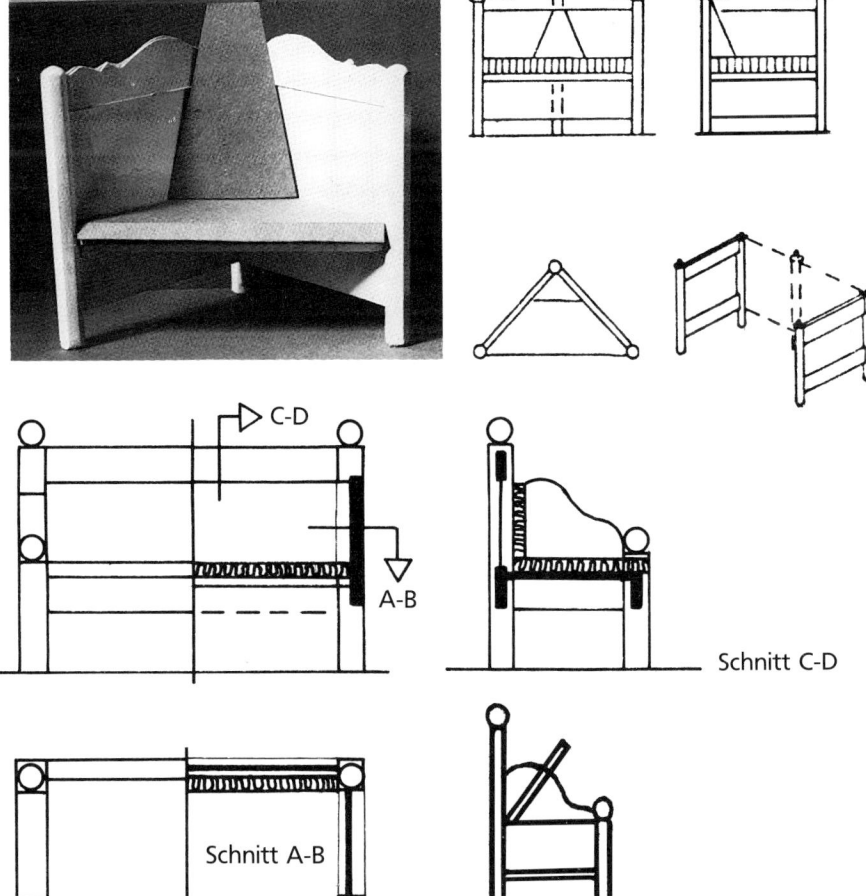

Eine Sitzbank, mit einem Kasten unter dem Sitz wurde aus einem bäuerlichen Bett aus Fichtenholz gewonnen. Das Betthaupt dient als Rückenlehne, Teile der Bettseiten bilden die Seitenlehnen. Das Bettende, in der Höhe reduziert, bietet die Querzargen und Vorderfüße. Der Sitz ist zum Teil hochklappbar.

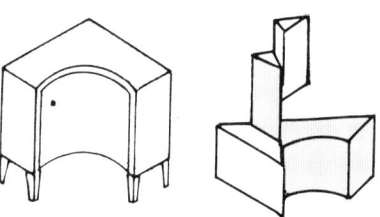

Eckschrank = Möbelobjekt

Ein Eckschrank mit geschweifter Tür als Verbindungselement zwischen anschließenden Regalen war in seiner Formgebung, vor allem durch die Füße, jungen Leuten nicht länger akzeptabel. Eine Umnutzung stand an, denn die vorhandene Substanz, Esche furniert, forderte andererseits die Erhaltung.

Zwei Entwürfe wurden an Modellen untersucht. Beide gehen davon aus, die geschweifte Front in Verbindung mit den schrägen Seiten zu erhalten, die Füße aber zu entfernen. Das Möbel wurde in seiner Tiefe reduziert und eine Seite abgeschnitten.
(Design Clausen.)

Dieser Entwurf gruppiert die Körper um eine vertikale Wand und verbindet die Zusatzdreiecke mit einem horizontalen Brett.

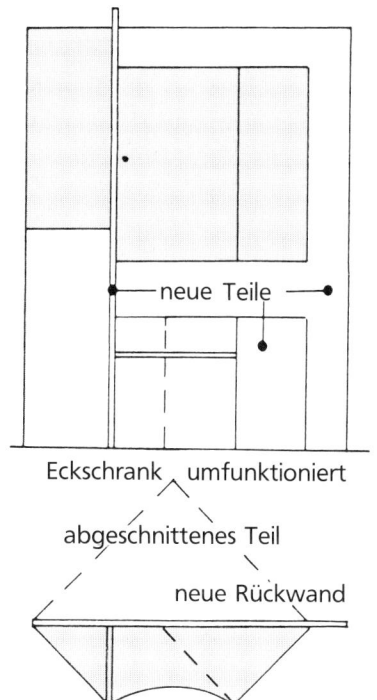

neue Teile

Eckschrank umfunktioniert

abgeschnittenes Teil

neue Rückwand

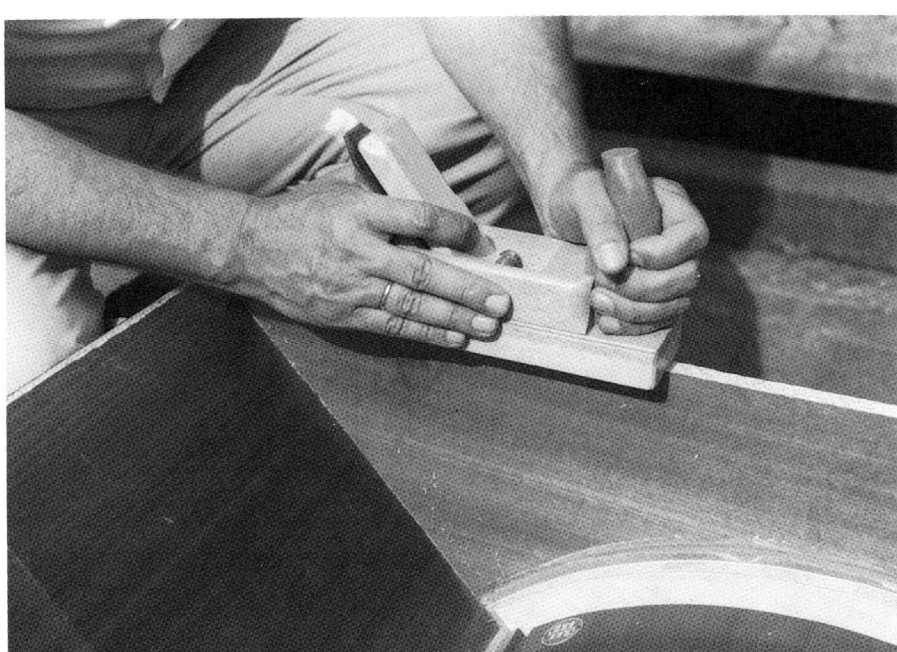

Dieser Entwurf wurde als der einfachere und klarere zur Ausführung bestimmt. Die alten Teile (im Modell weiß) werden gegeneinander versetzt und durch Dreieckkörper kontrastreich ergänzt. Die Umsetzung des Modellentwurfs brachte kreative Änderungen, wie der Vergleich mit dem Bild unten zeigt. Die Idee der Aufständerung blieb, nur ist der obere Dreieckkörper nicht unterstützt, sondern frei.
Ohne die Auflage, alte Möbelteile zu verwenden, wäre dieses Objekt kaum so kreativ ausgefallen.
(Design Thomas Pracht, Freiburg)

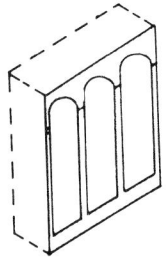
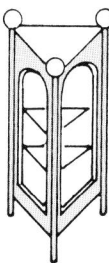

Schranktüren = Vitrine

Besonders gestaltete Schranktüren geraten nur selten zum Sperrmüll, selbst wenn der Schrankkorpus längst untergegangen ist bzw. als Bretter und Flächen anderweitig Verwendung fand.

Drei verglaste Schranktüren wurden hier zu einer freistehenden Vitrine verarbeitet. Ihr Zusammenschluß mittels Besenstielen ist besonders originell und einfach, sie wurden übereck mit den Türrahmen verschraubt und verkittet. Eine Tür bleibt beweglich und ist an ihren Scharnieren aufgehängt. (Design Ralf Gilge.)

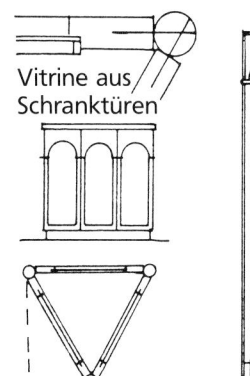

Vitrine aus Schranktüren

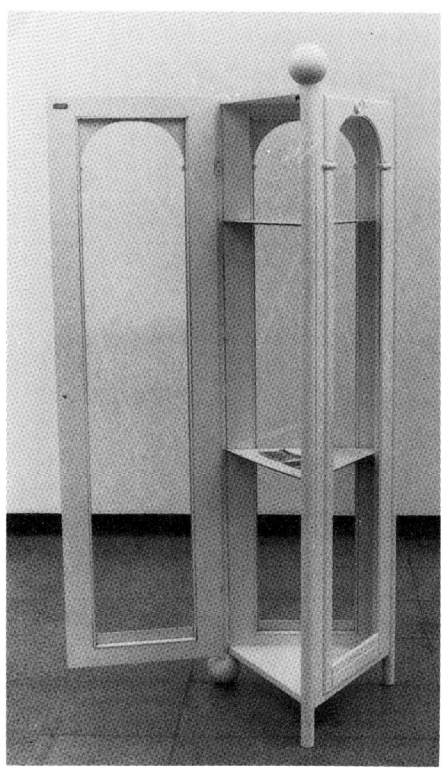

Fernsehgehäuse, z.T. sehr solide aus Holz gefertigt, sind nach dem Verschleiß der Geräte meist zu schade, um ebenfalls weggeworfen zu werden. Hier wurde eine interessante Integration durch die schräge Einbindung in ein neues Schrankelement vorgeschlagen.

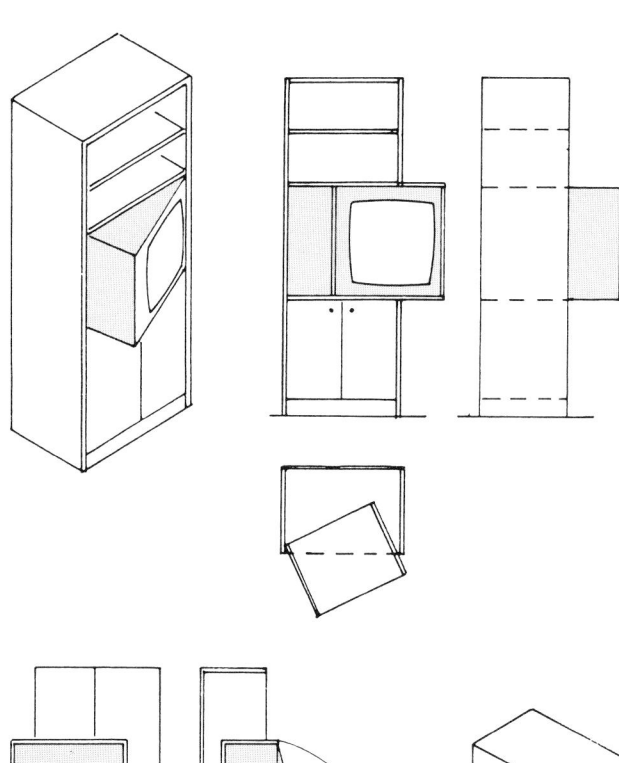

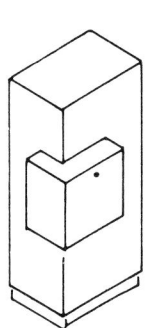

Einsteckmöbel

Viele Kleinmöbel sind zum Teil deshalb unakzeptabel geworden, weil ihre Füße oder Beine in Formgebung und Anordnung auf vergangene Stilphasen verweisen. Konisch zugespitze und schräge Beine erinnern an die Nierentische. Die Umnutzung solcher Stücke erfolgt daher – verständlicherweise – gern durch Entfernung der Gestellteile. Der verbliebene Korpus kann dann entweder an der Wand aufgehängt oder, wie hier, in einen Schrank eingebaut werden.

altes Schränkchen

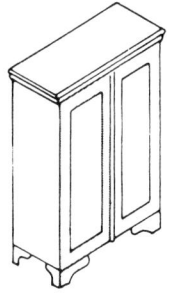 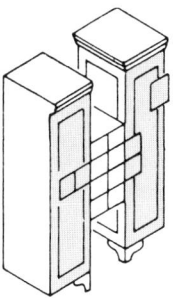

Schrankhälften vertauscht

Der alte Küchenschrank war ausgemustert, stand lange auf dem Boden und forderte zu neuem Einsatz heraus. Eine Renovierung im herkömmlichen Sinne war dem Besitzer zu wenig. Die überlieferte Substanz sollte erhalten, zugleich aber in eine zeitgemäße Form gebracht werden.

Der Schrank wurde in der Mitte vertikal aufgeschnitten. Nach Vertauschen der Teile sind nun die Schauseiten mit den Profilstößen sehr dekorativ einander zugekehrt.
Die Seiten wurden durch Platten geschlossen, aber so, daß die Schnittflächen des ursprünglichen Stückes sichtbar bleiben. Nichts wurde verdeckt, alle Hinweise auf den ursprünglichen Zustand blieben erhalten.

Die Türen sind horizontal aufgetrennt und neu angeschlagen. Eine Glasvitrine, mit Sprossen differenziert gegliedert, verspannt die alten Teile.
(Design Klaus Pracht)

Schlichte Möbel steigern

Die vorstehenden Beispiele zeigen, daß unter der Auflage, Altes zu verwenden, aus den unterschiedlichsten Ausgangsmöbeln originelle Lösungen entstehen können. Die Kombination alter und neuer Teile kann auf sehr verschiedene Weise erfolgen. Ganz bewußt wurde vermieden, neue Teile so an die alten anzugleichen, daß sie nicht auffallen. Das Ergebnis wäre spannungslos geblieben und einer schonenden Reparatur gleichgekommen, die einen Originalzustand vortäuscht, den es nicht gibt.

Das kontrastreiche Absetzen neuer von alten Stücken – in Material, Form und Farbe – kann eine geradezu aufregende Spannung erzeugen. Das Ergebnis wird zum Erlebnis.

Die Ideen für eine sinnfällige und schöne Weiterverwendung von schlichten Möbelstücken oder von Möbelteilen werden durch die Qualität des Materials beeinflußt und hängen von der Phantasie des Entwerfers ab. Es ist jedoch möglich und soll im folgenden versucht werden, durch allgemeine Hinweise bei der Ideenfindung zu helfen.

Eine gute Voraussetzung ist zunächst das Aufmaß eines Stückes in seinen drei Ansichten. Je nach Größe des Möbels bieten sich Verkleinerungen im Maßstab 1:5, 1:10 oder 1:20 an. Veränderungen werden am besten auf Deckblättern über die Aufmaßzeichnungen probiert.

Sehr zweckmäßig ist ein Modell aus Papier als kleine Abstraktion der erhaltenswerten Teile. Es erleichtert das Probieren über die flächigen Studien hinaus. Ein Schrank als kleiner, weißer Würfel läßt sich leicht drehen und wenden; ist aber z.B. nur die Tür erhaltenswert, so läßt sich diese spielerisch auf eine abstakte Form applizieren.

Es bietet sich geradezu an, Modelle auch in Position zu bringen, die von der Funktion her nicht verständlich sind. Der Entwerfer entscheidet mit seiner Kreativität zwischen den vielen Möglichkeiten, die sich ergeben. Ein gelungenes Ergebnis schenkt Selbstbestätigung.

Möbel aufdicken

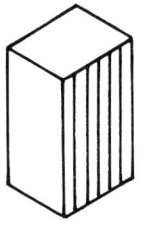 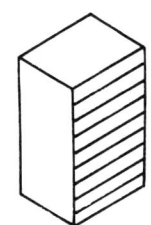 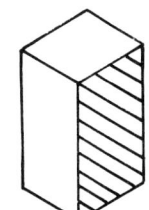

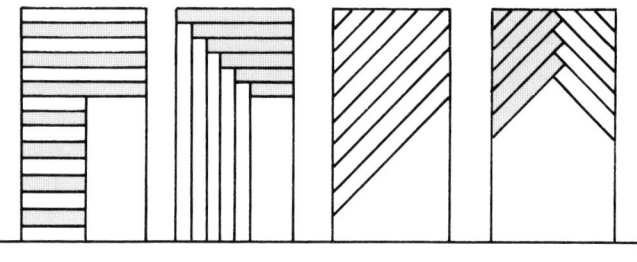

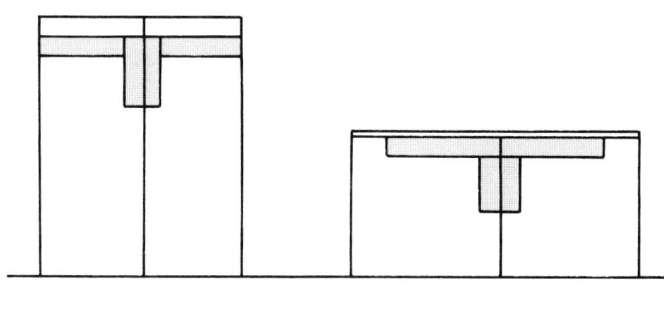

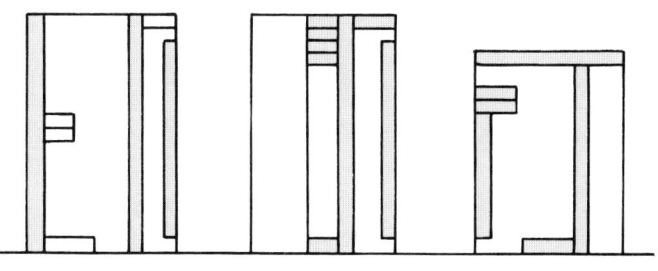

Möbel abschrägen

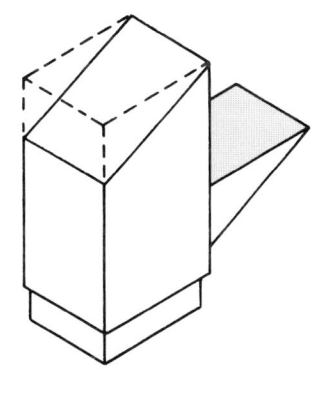 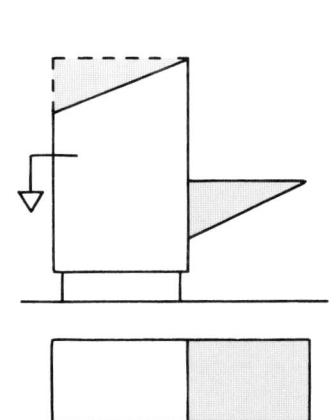

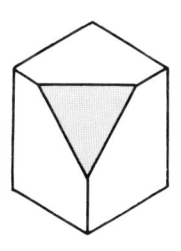 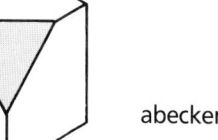 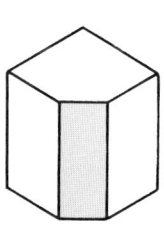

abecken

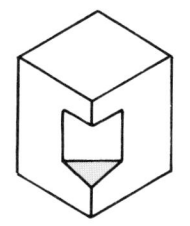  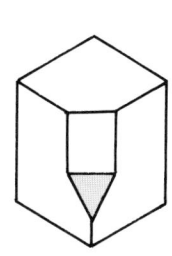

abkanten

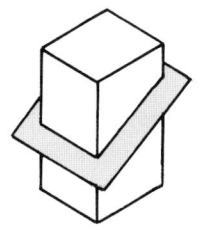 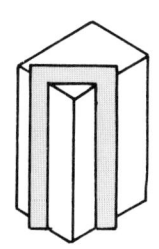 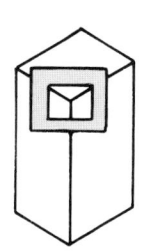

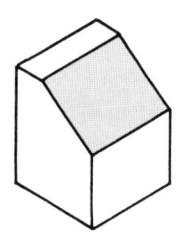 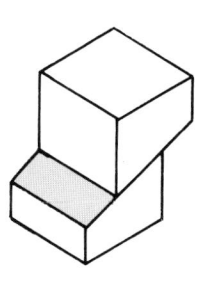

abschrägen

Möbel teilen

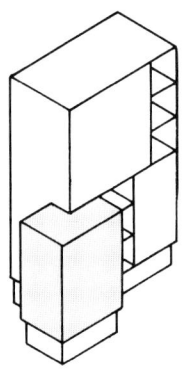
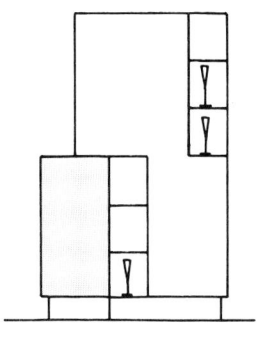

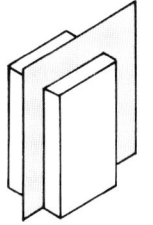
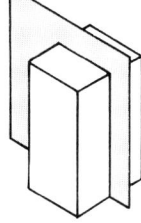
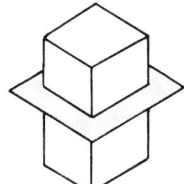

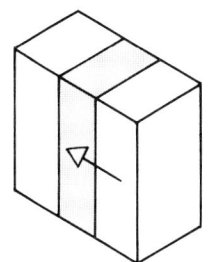
zusammenschieben

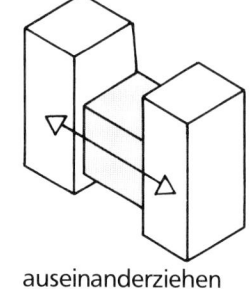
auseinanderziehen

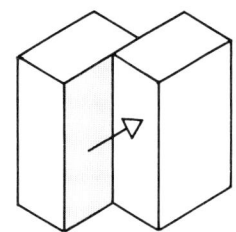
nach hinten
verschieben

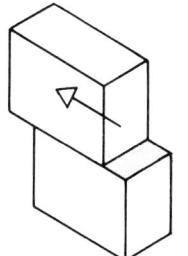
seitlich verschieben

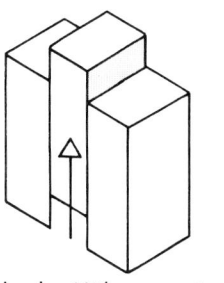
in der Höhe versetzen

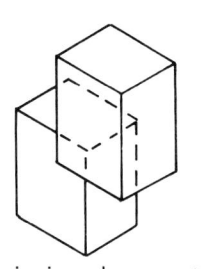
ineinander versetzen

Möbel
plastisch verändern

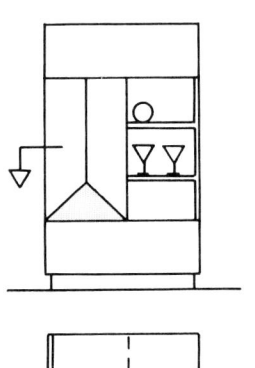
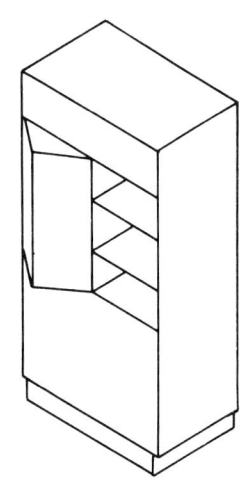

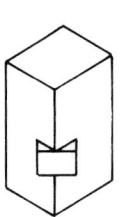
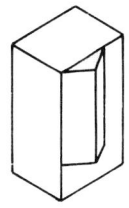
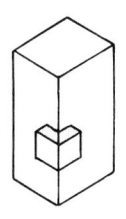

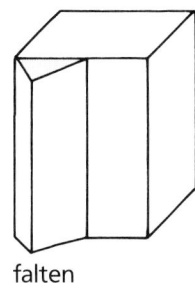
falten

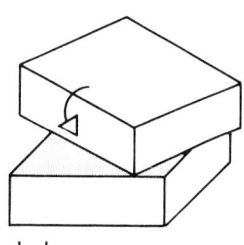
drehen

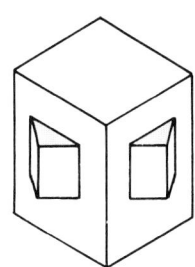
einstecken

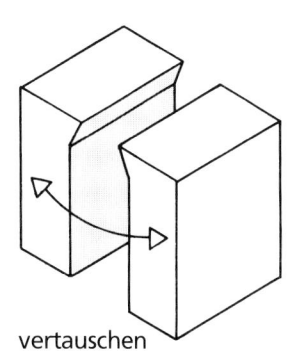
vertauschen

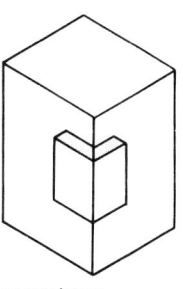
versetzen

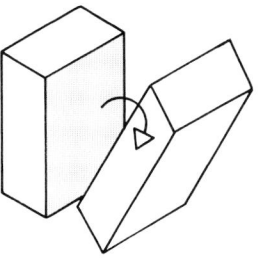
kippen

Ausführungs-techniken

Die kleine Übersichtszeichnung zeigt die Benennung der Teile und die Schnittlegung auf.

In den größeren Schnitten sind die Detailpunkte beziffert, die im folgenden dargestellt sind.

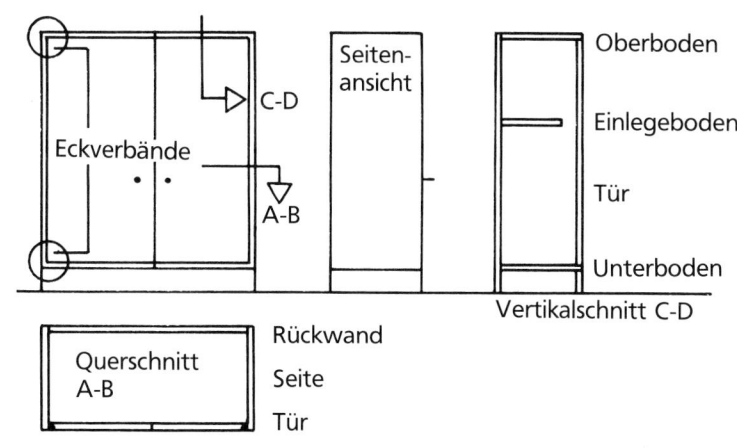

Eckverbände · C-D · A-B · Seitenansicht · Oberboden · Einlegeboden · Tür · Unterboden · Vertikalschnitt C-D

Querschnitt A-B · Rückwand · Seite · Tür

Schnitte

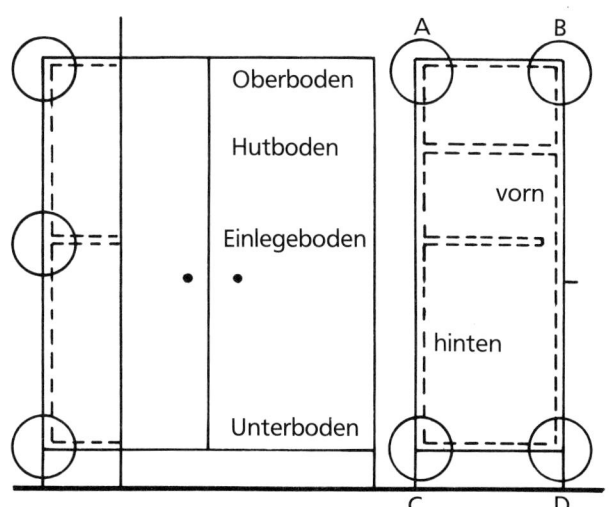

Oberboden · Hutboden · Einlegeboden · Unterboden · A · B · vorn · hinten · C · D

Türen und Bänder

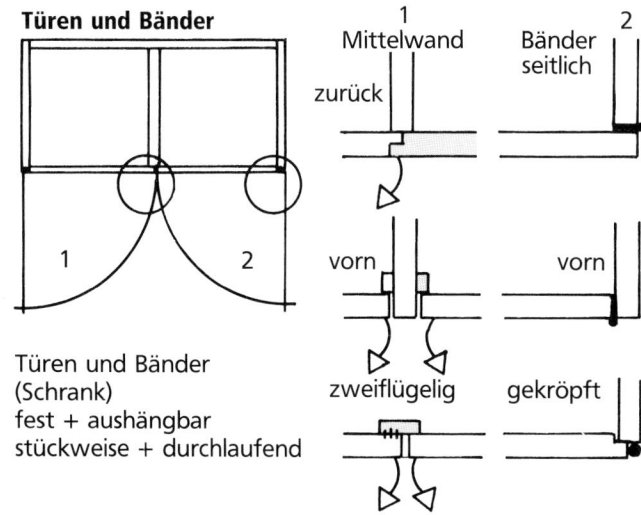

Türen und Bänder (Schrank) fest + aushängbar stückweise + durchlaufend

1 Mittelwand zurück · 2 Bänder seitlich · vorn · vorn · zweiflügelig · gekröpft

Varianten zu den Details A und B

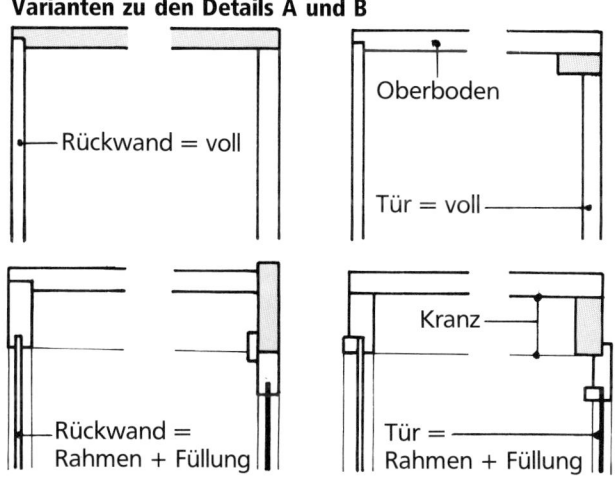

Rückwand = voll · Oberboden · Tür = voll · Kranz · Rückwand = Rahmen + Füllung · Tür = Rahmen + Füllung

Mittel- und Seitenschluß

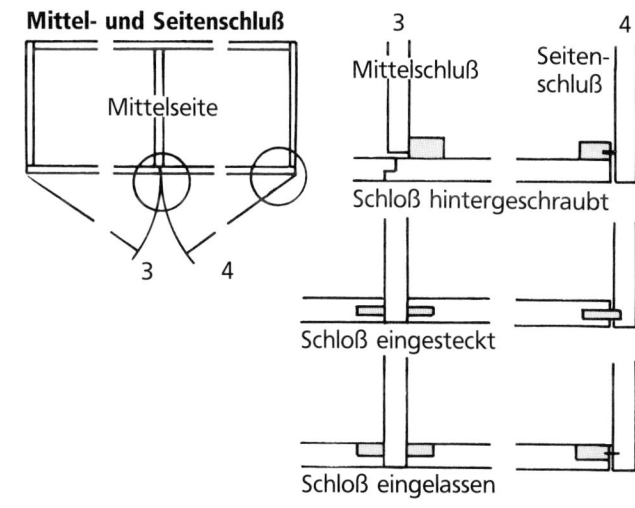

Mittelseite · 3 · 4 · 3 Mittelschluß · 4 Seitenschluß · Schloß hintergeschraubt · Schloß eingesteckt · Schloß eingelassen

Varianten zu den Details C und D

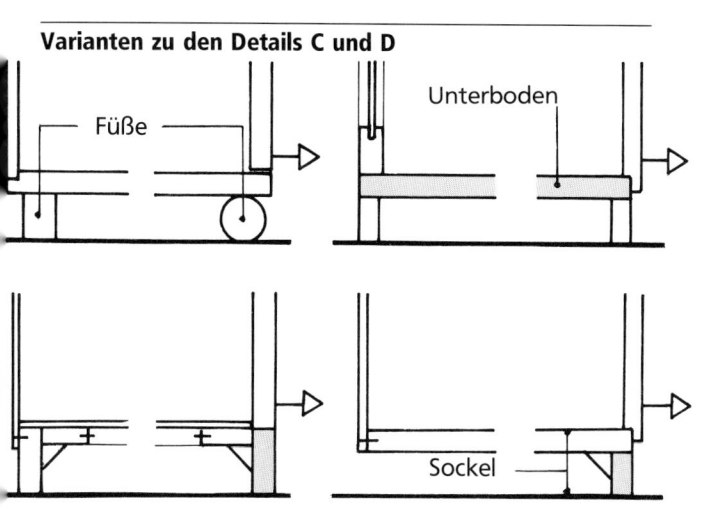

Füße · Unterboden · Sockel

Rückwand und Seiten

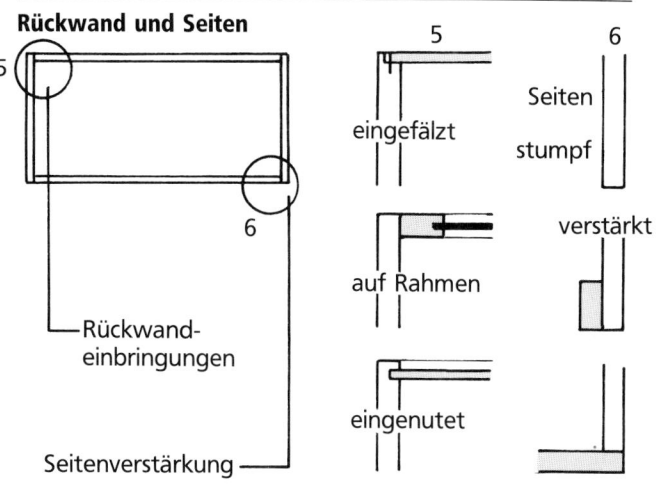

5 · 6 · Rückwand-einbringungen · Seitenverstärkung · 5 eingefälzt · auf Rahmen · eingenutet · 6 Seiten stumpf · verstärkt

Details

Die Varianten zu den Details klären wie
unterschiedlich konstruiert werden
kann.
Die rechte Spalte beinhaltet Vorschläge
wie auf einfachste Weise, mit Spanplatten, Kleber und Nägeln sowie Folien
Möbel auf Heimwerkerart umgenutzt
werden können.

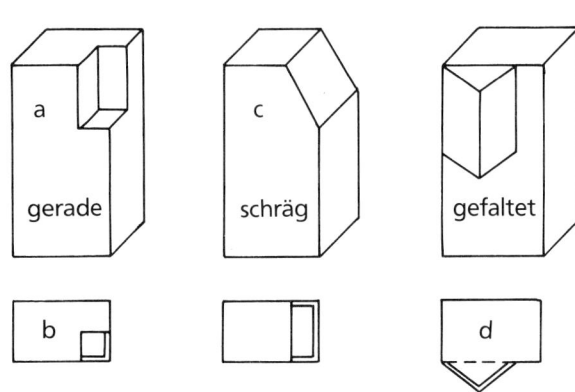

Korpusecke fest

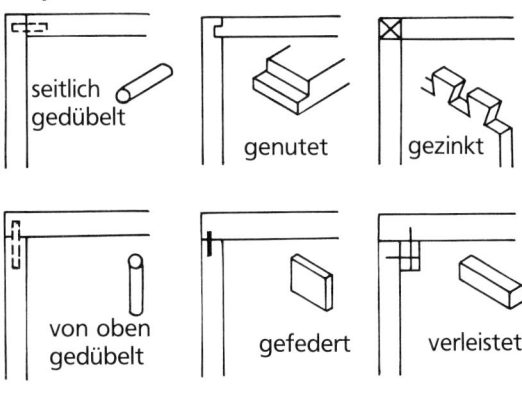

seitlich
gedübelt

genutet

gezinkt

von oben
gedübelt

gefedert

verleistet

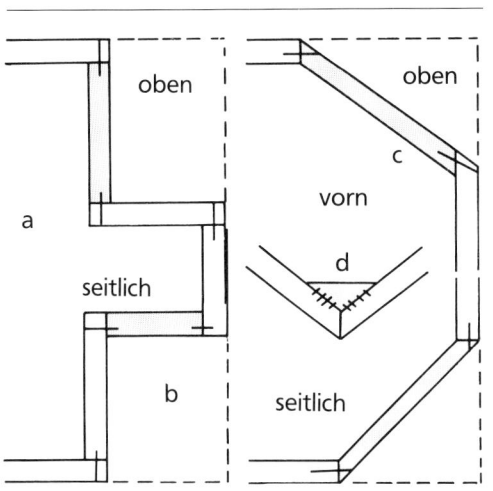

oben

oben

a

c

vorn

d

seitlich

seitlich

b

Korpusverband zerlegbar

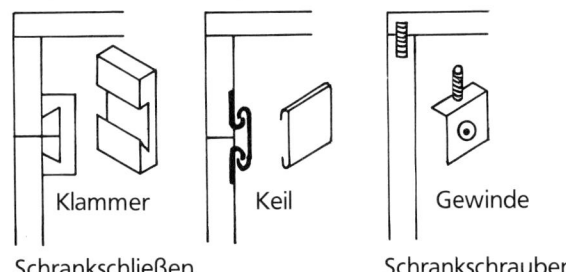

Klammer

Keil

Gewinde

Schrankschließen

Schrankschrauben

Eckpunkte an Körpern

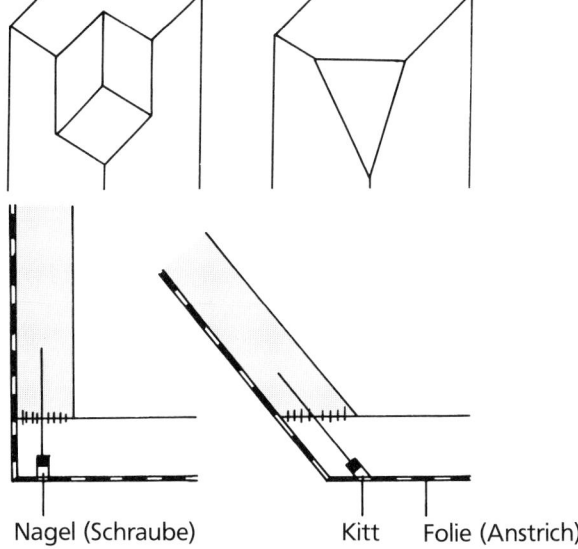

Nagel (Schraube)

Kitt

Folie (Anstrich)

Einlegeböden

stückweise

durchlaufend

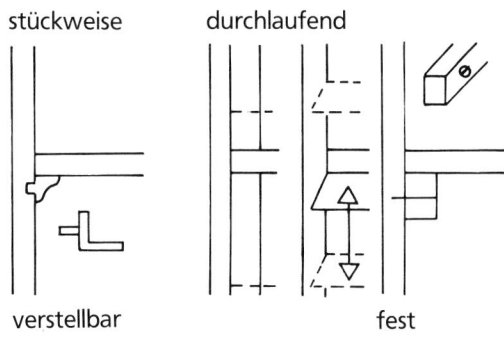

verstellbar

fest

Dreieckverbindungen

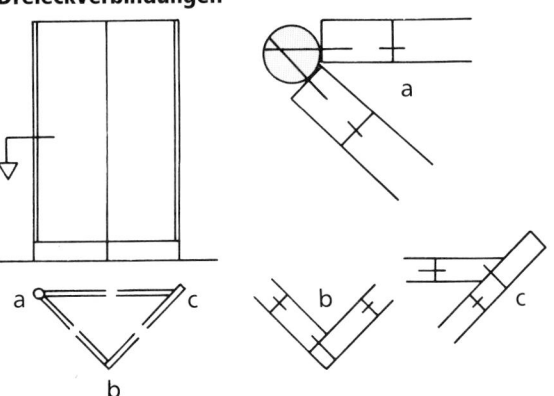

a

c

a

b

c

b

c